Wenn das Leben Geschenke macht

Ich begreife das Leben als weisen Lehrer, der mir den Weg zu meiner Einzigartigkeit zeigt.
-    Anne-Kerstin Busch

Anne-Kerstin Busch

Wenn das Leben Geschenke macht

Bibliografische Information der Deutschen Nationalbibliothek:
Die Deutsche Nationalbibliothek verzeichnet diese Publikation in der Deutschen Nationalbibliografie; detaillierte bibliografische Daten sind im Internet über http://dnb.dnb.de abrufbar.

© 2014 Anne-Kerstin Busch
Coverfoto: Africa Studio - shutterstock
Porträtfotos: Rosel Grassmann- www.rosel-grassmann.de
Herstellung und Verlag: BoD – Books on Demand, Norderstedt
ISBN: 978-3-7386-0092-6

Inhalt

Vorwort

Was ist der Sinn des Lebens mit all seinen Herausforderungen? Welche Rolle spielen wir Menschen darin und was bedeutet es für mich ganz speziell? Die Antworten auf diese Fragen suchte ich für mich ganz persönlich und schrieb darüber ab 2008 auf meinem ersten Blog.

Immer, wenn das Leben mir etwas bewusst machte, mir Antworten auf meine Fragen gab, schrieb ich darüber. Warum tat ich das in aller Öffentlichkeit? Vielleicht hätte ja auch das Tagebuch gereicht? Aus Gesprächen mit anderen weiß ich, dass ich mit meinen Fragen an das Leben nicht alleine dastehe. Es gibt immer mehr Menschen, die nach dem tiefen Sinn hinter den Herausforderungen des Lebens fragen und Antworten finden wollen.

Vielleicht bist du jemand, der seine eigenen Antworten im Leben will, der sich aber auch gerne von anderen inspirieren lässt. Dann helfen dir meine Geschichten vielleicht. Ach übrigens: In diesem Buch habe ich die Ansprache mit „du" gewählt, weil ich die Seele ansprechen möchte und das geht besser mit der persönlichen Ansprache mit „du". Ich hoffe, das ist so in Ordnung für dich.

Warum schreibe ich über mich selbst? Meine Kämpfe, meine Unsicherheiten, meine Gedanken, meine Freuden, meine Erkenntnisse?

Warum gebe ich dir nicht einfach Tipps und Übungen, so wie es viele Autoren machen?

Die Antwort lautet: Menschen, die meinen, es besser zu wissen als du, gibt es genug. Ich möchte nicht ein weiterer Autor sein, der dir sagt, wo es lang geht. Denn ich bin der Meinung, dass du alle Antworten, die du brauchst, in dir trägst! Aber manchmal hilft es, wenn man die Geschichten liest, die ein anderer Mensch erlebt hat. Vielleicht findest du dadurch deine ganz persönlichen Antworten in dir. Vielleicht bringt es eine Saite in dir zum Klingen, die du noch gar nicht kennst. Oder du nimmst einen anderen Blickpunkt ein als vorher und bekommst neue Ideen und Lösungen für deine Probleme.

Was auch immer geschieht, wenn diese Geschichten eine Inspirationsquelle für dich sein können, um deine Antworten zu finden, dann freue ich mich.

Frage dein Leben, es antwortet dir! Ich wünsche dir allezeit die Antworten, die du brauchst, um voranzukommen, um ein glückliches und zufriedenes Leben zu führen. Und sei offen für die Geschenke, die es dir bringt!

Wie alles begann

Wie zu vielem, gibt es auch zu diesem Buch eine Vorgeschichte. Denn es war nicht immer so, dass ich das Leben als weisen Lehrer sah, der mich etwas über mich lehrt.

Es ist nun schon viele Jahre her, da war alles anders. Damals befand ich mich in einer ziemlich großen Lebenskrise. Ich war Ende 20. Zwei Jahre zuvor hatte man bei mir Grauen Star diagnostiziert, eine Krankheit, die normalerweise ältere Menschen bekommen. Bei dieser Krankheit trübt sich die Augenlinse immer mehr. Man sieht alles wie durch einen grauen Schleier und erblindet langsam, wenn man sich nicht operieren lässt.

Das war damals ein Schock für mich und nahm mir auch mehr und mehr meinen Lebensmut. Plötzlich sah ich keinen Sinn mehr in allem. Zu einer Zeit, wo andere Menschen ihr Studium beendeten, vielleicht heirateten oder eine Familie gründeten, erschien mir alles nur noch schwarz. Das drückte sich auch in der schwarzen oder grauen Kleidung aus, die ich damals mit Vorliebe trug. Zu dieser Zeit lebte ich noch bei meinen Eltern auf einem kleinen Dorf und hatte keinen blassen Schimmer, wie ich es je schaffen sollte, mich daraus zu befreien und mein eigenes Leben zu leben.

Jedoch gab es auch noch einen anderen Teil in mir, der vorwärts drängte, der sich nicht unterkriegen lassen wollte, der nach dem tieferen Sinn von Lebenskrisen und Krankheiten fragte.

Dieser Teil „führte" mich zu Heilpraktikern und anderen alternativen Therapeuten, die mir halfen, langsam den Schleier zu entfernen, der sich über alles gelegt hatte, den inneren Schleier meine ich, der mich nicht klar sehen ließ, was los war und was das Leben wirklich für mich bedeutete.

Ich lernte Lichtmeditation, erfuhr, dass wir wahrscheinlich nicht nur ein Leben haben, so wie es mir beigebracht wurde, und dass frühere Leben sich auf das heutige Leben auswirken können.

In einer Nacht warf ich mein gesamtes damaliges Weltbild um, weil es plötzlich keinen Sinn mehr für mich ergab, daran zu glauben, dass ich nur einmal lebe.

In den darauffolgenden Monaten und Jahren begriff ich mehr und mehr, dass ich ein einzigartiges Wesen bin, dass wir alle einzigartige Wesen sind, und dass das Leben mir genau das gibt, was ich brauche, um meine Einzigartigkeit zu leben. Kurz gesagt: Ich fragte und bekam Antworten.

Durch eine Operation wurde dann letztendlich auch der äußere Schleier weggezogen, und ich konnte wieder klarer und farbenfroher in die Welt hineinschauen.

Viele Jahre später begann ich, meine Erfahrungen nicht mehr nur ins Tagebuch zu schreiben, sondern sie auch mit anderen auf einem Blog zu teilen.

Ein guter Freund von mir überredete mich 2008 zum Bloggen. Wir veranstalteten sogar so eine Art Wettbewerb, um am Schreiben dranzubleiben. Jede Woche ein Blogartikel war unser Ziel, und ich konnte damit rechnen, dass ich Sonntagabend einen Anruf von ihm bekam, wenn ich noch keinen Blogartikel veröffentlicht hatte. Manchmal war aber auch ich diejenige, die ihn anrief, weil er noch nichts veröffentlicht hatte.

Dieses regelmäßige Schreiben trainierte mich sehr. Vor allem wurde ich immer mutiger, wenn es darum ging, das Geschriebene auch zu veröffentlichen und andere an meinen Erfahrungen teilhaben zu lassen.

Jetzt ist die Zeit bereit für den nächsten Schritt: Die schönsten Geschichten, die mein Leben bisher geschrieben hat, finden in diesem Buch ihren Platz.

Ich würde mich freuen, wenn die eine oder andere Geschichte dich dazu inspiriert, deine eigenen Antworten zu den Fragen des Lebens zu finden und mehr über dich als einzigartiges Wesen in dieser Welt zu erfahren.

Der singende Taxifahrer

Manchmal arbeite ich abends länger. Vor einiger Zeit war es mal wieder so weit. Da ab ciner gewissen Zeit die Busse nicht mehr so regelmäßig fahren und ich schnell nach Hause wollte, gönnte ich mir ein Taxi. Das ist nichts Ungewöhnliches, und ich mache es auch öfters. Aber diesmal hatte ich einen ganz besonderen Taxifahrer.

In meinem Leben bin ich schon vielen Taxifahrern begegnet. Die meisten von ihnen stehen auf dem Standpunkt, dass das Leben schwer sei, man kaum Geld zum Leben habe und alles immer schlimmer werden würde, etc.

Doch dieser Taxifahrer war anders. Als ich zu ihm ins Auto stieg und die Adresse nannte, wo ich hinwollte, fing er an, ganz fröhlich zu singen: "Da fahren wir jetzt hin. Da fahren wir jetzt hin." "Oh, Sie singen?", fragte ich erstaunt. "Ja", antwortete er. "Der singende Taxifahrer", sagten wir beide und lachten.

Auf der Fahrt erzählte er mir, dass er glücklich und dankbar sei für das Leben. Er erzählte, dass er Gott vertraue, dass immer das Richtige zur richtigen Zeit geschehen würde.

Und er sprach auch über seine drei Kinder, von denen schon zwei studierten.

Dies war offensichtlich ein Mann, der seinen Beruf und das Leben liebte. Er legte seine Aufmerksamkeit auf die Geschenke des Lebens und nicht auf das, was er nicht hatte. Für mich war es ein Geschenk, einen solch weisen Menschen abends nach einem langen Arbeitstag zu treffen.

Herzens-Coaching im Büro

Es war an einem Mittwoch im Büro, bei meinem Job als Redakteurin. Ich hatte einen Durchhänger, war unzufrieden mit meiner Situation und hatte mein Herz irgendwie verschlossen. Das Gefühl, nur noch zu funktionieren, mich zur Arbeit zu schleppen, weil man es ja so muss, war an jenem Tag ziemlich stark. Es gab keine besonderen Vorkommnisse, die mich unglücklich machten, und es hätte alles gut sein können. Aber ich spürte keine Freude und Liebe in meinem Herzen, sondern fühlte mich eher wie eine Marionette, die nach den Regeln eines anderen zu funktionieren hat.

Ich arbeitete zu dieser Zeit zwar schon nebenberuflich als Schreib-Coach. Ein Job, der mir viel Spaß machte, neben dem Schreiben. Aber leider verdiente ich noch nicht genug damit, um mich ganz selbstständig machen zu können. Nun bin ich der Meinung, dass auch ein Coach nur ein Mensch ist und ab und zu Unterstützung benötigt. Ich halte es sogar für notwendig, dass er selbst immer wieder über das, was er sagt und tut, reflektieren sollte. Ich tue das täglich. Doch wenn das Herz zu ist, dann braucht es vielleicht einen Anstoß von außen und der kam bei mir auf nicht alltägliche Weise.

Ich habe eine Kollegin, die ich sehr schätze und die ich nun schon seit vielen Jahren kenne. Wir beide haben so ungefähr zur gleichen Zeit damit begonnen, uns für spirituelle Themen zu interessieren. Sie geht einen anderen Weg als ich, aber wir tauschen uns immer aus, sofern sich die Gelegenheit dazu bietet. An jenem Mittwoch erzählte ich ihr, dass ich so viele „Muss-Themen" in meinem Leben habe, da muss das erledigt werden, da muss dieser Text noch für jemanden geschrieben werden, dann muss ein Newsletter geschrieben werden und dann kommt wieder jemand anders, der noch möglichst gestern einen Text braucht, nicht zu vergessen der tägliche Büro-Job in der Redaktion. „Diese Muss-Themen rauben Zeit und Energie", sagte ich zu ihr. „Ich komme gar nicht zu dem, was meine Träume sind, aber ich weiß auch gar nicht so wirklich, was meine Träume sind." „Schluss mit dem Muss!", antwortete sie. „Wichtig ist, dass du das tust, was dein Herz öffnet." Und sie sagte weiter: „Ich sehe dich ja als Autorin, aber was nützt es, wenn ich dich als Autorin sehe und du nicht?"

Während sie das sagte, spürte ich sofort, dass es mein Traum ist zu schreiben, aber das zu schreiben, was aus dem Herzen kommt. Das, was im Moment dran ist, was gesagt werden möchte. Das kann eine Geschichte sein oder auch ein Ratgeber-Buch. Die Form sollte von meinem Herzen bestimmt werden und nicht von außen.

Es dauerte nur ein paar Sekunden, schon kamen die ersten negativen Gedanke: Wie willst du denn damit Geld verdienen. Wer will das denn schon lesen, was du schreibst? Du findest wahrscheinlich gar keinen Verlag.

Sofort wusste ich, dass meine innere Zweiflerin aus ihrem Schlaf erwacht war und jetzt ordentlich Kontra gab. Natürlich weiß ich, dass auch sie eine Funktion hat. Sie will mich nämlich vor möglichen Misserfolgen schützen, die es ja geben könnte, wenn ich mich auf den Weg machen und meinem Herzen folgen würde.

Das war der Punkt, an dem ich anfing kreativ zu werden und auch meinen inneren, spirituellen Führer bat, mir zu helfen, indem ich alle Zweifel, die mir zu diesem Zeitpunkt in meinen Kopf kamen, im Inneren in eine goldene Schale legte und diese Schale ihm überreichte, um sie loszulassen und mich wieder bewusst an meine innere, göttliche Quelle anzuschließen und mein Herz zu öffnen.

Kurze Zeit später geschah es: Ich spürte endlich wieder den Fluss der Lebenskraft in mir. Ich spürte, dass es in meiner Macht liegt, das zu tun, was ich gerne tue und dass ich entscheiden kann, welche von den Muss-Sachen überhaupt noch wichtig für mich sind und welche ich besser loslasse. Ja, meine Kollegin ist kein ausgebildeter Coach. Sie kann in dieser Hinsicht keine Zertifikate von irgendwelchen

Ausbildungsinstituten vorweisen, wobei es auch natürlich hervorragende Coaches mit Zertifikaten gibt.

Meine Kollegin folgte einfach ihrem Herzen, während sie mit mir sprach und mir dabei half, die Glaubenssätze und Muster bewusst zu machen, die den Weg zwischen mir und meinen Herzensträumen blockierten. Dafür war ich ihr dankbar.

Was bedeutet *Leben* für mich?

Ich glaube daran, dass wir die Aufgabe haben, zu wachsen, weiser und spirituell reifer zu werden, aber auch lebendiger, indem wir mehr und mehr im Einklang mit der göttlichen Lebensenergie leben.

An jenem Tag vor ein paar Jahren wurde mir allerdings bewusst, dass ich immer mal wieder zu mir sage: „Ich habe das Gefühl, dass ich noch gar nicht richtig gelebt habe". Doch was heißt ‚Leben' eigentlich? Sicher bedeutet es für jeden etwas anderes.

Bedeutet es vielleicht glücklich zu sein und Freude zu empfinden, bei dem, was man tut? Und was macht mich ganz speziell glücklich? Sicher macht jeden etwas anderes glücklich. Mag sein, dass es für den einen wichtig ist, ständig Partys zu feiern, weil er sich dann lebendig fühlt. Jemand anders fühlt sich vielleicht lebendig, wenn er durch die Natur wandert. Für andere Menschen ist es vielleicht wichtig, weite Reisen zu machen, Extremsportarten auszuüben oder schnelle Autos zu fahren. Manch einer, das beobachte ich gerade bei manchen Frauen, lebt erst, wenn er seine (oder sie ihre) große Liebe gefunden hat und eine Partnerschaft beginnt.

Wenn man es genau betrachtet, ist eigentlich alles Leben. Doch manchmal kommt man sich in diesem Hamsterrad aus Arbeit, Haushalt und sonstigen Verpflichtungen so vor, als würde man nicht wirklich leben, sondern nur noch funktionieren wie ein Roboter. Jedenfalls geht es mir dann oft so.

Während ich so über die Frage nachdachte, wann ich mich lebendig fühle, fiel mir eine Begebenheit ein, die ein paar Tage zuvor stattfand.

Ich hatte mich mit Teilnehmern meiner Coachingausbildung, die ich damals gerade absolvierte, zur Übungsgruppe getroffen. Anschließend gingen einige von uns noch in ein kleines Café. Dieses Café hatte nur ein paar Tische. Es war so klein und schnuckelig, dass man sofort mit anderen Menschen in Kontakt kam. Es war ein Samstagvormittag in der Innenstadt von Frankfurt am Main und das Café platzte fast aus allen Nähten, so voll war es. Es war Winter und während draußen die Schneeflocken tanzten und der Schnee immer dichter wurde, saßen wir in diesem Café um einen kleinen runden Tisch herum. Es dauerte nicht lange und wir kamen mit zwei netten älteren Damen ins Gespräch, die in unmittelbarer Nähe am Nachbartisch saßen. Ich trank einen Cappuccino und gönnte mir sogar ein Stück Herrentorte, obwohl ich eine Frau bin. Die Torte war einfach zu lecker!

In diesem Moment fühlte ich mich wieder lebendig. Ich fühlte, dass ich im Fluss war mit der

Lebensenergie und spürte die Dankbarkeit in meinem Herzen für diesen schönen Tag.

Abends war ich dann noch mit einer Geschäftspartnerin kreativ. Wir arbeiteten an ihren Texten fürs Internet. Auch das war ein Moment, den ich aus vollem Herzen genoss. Ganz einfach, weil ich meine Kreativität leben durfte und es mir natürlich auch Spaß machte, sie zu unterstützen.

Manchmal ist es gut, wenn man sich für kurze Zeit aus der Tretmühle befreit, und schaut, dass man etwas tut, was einem hilft, sich wieder lebendig zu fühlen. Das kann manchmal so etwas Kleines sein, wie ein Treffen mit gleichgesinnten Menschen und ein Stück Herrentorte oder etwas, bei dem man seine Kreativität ausleben kann. Für mich ist sowohl der Kontakt mit Gleichgesinnten, als auch das Ausleben meiner Kreativität wichtig, um in den Fluss mit der Lebensenergie zu kommen.

Wenn Geduld im Alltag angesagt ist

Es gibt immer wieder Situationen, da wird man geradezu von seinem Leben gezwungen, Geduld zu lernen. Jedenfalls mir geht es so. Eine Institution, mit der man das besonders lernen kann, ist die Deutsche Bahn. Es ist schon ein paar Jahre her, da war ich mit einer Frau verabredet, die extra aus der Schweiz kam, um über ein eventuelles Buchprojekt mit mir zu sprechen. Da sie mit dem Zug fuhr, hatten wir uns am Hauptbahnhof in Mainz verabredet.

Ich war pünktlich dort, musste aber dann leider feststellen, dass der Zug 50 Minuten Verspätung hatte. Oje, dachte ich. Da ich auch öfters mit der Bahn fahre, weiß ich, dass Verspätungen keine Seltenheit sind. Eine Verspätung von 50 Minuten ist allerdings schon ziemlich viel. In solch einer Situation kann man sich entweder ärgern oder sich fragen: Was kann ich jetzt lernen? Welche Haltung kann ich jetzt einnehmen, mit der es mir trotzdem gut geht? Ich entschied mich für eine Mischung aus Humor und Geduld und überlegte gleichzeitig, ob ich irgendetwas Produktives tun konnte.

Da fiel mir ein, dass ich meinen Besuch ja mal auf dem Handy anrufen könnte. Zum Glück hatte sie mir ihre Nummer gegeben. Ich erreichte sie auch sofort, und sie sagte mir, dass sie umgestiegen sei und mit einem anderen Zug kommen würde. Dieser Zug sollte ca. 10 Minuten nach unserem Telefonat ankommen. Also ging ich schnell nachschauen, auf welchem Gleis er kommen sollte. Doch als ich zu dem Gleis kam, wo der Zug einfahren sollte, staunte ich nicht schlecht: Es fuhr ein anderer Zug ein, in dem kein Mensch saß und blockierte das Gleis. Also ging ich zur Information und fragte, ob ich die Nummer des Gleises richtig verstanden hatte. Dort sagte man mir: „Doch, doch, das ist das richtige Gleis. Der Zug hat etwas Verspätung." Tja, das war dann der Moment, wo ich lachen musste, weil meine Geduld doch arg auf die Probe gestellt wurde.

Aber dann kam er endlich, der große Moment, wo der Zug einfuhr, in dem meine Kundin saß. Zu meiner Überraschung fuhr er tatsächlich auf dem gleichen Gleis ein, auf dem schon der andere Zug stand. Die beiden Züge teilten sich sozusagen das Gleis. Ich hätte ja nicht gedacht, dass so etwas geht, aber es funktionierte tatsächlich. Meine Kundin war froh und erleichtert, dass sie endlich gut gelandet war, und dass ich die Geduld aufgebracht hatte und auf sie gewartet hatte.

Manchmal ist es eine Kunst, wenn wir im täglichen Leben herausgefordert werden, weil die Dinge anders laufen, als wir es uns wünschen. Ich persönlich kann leichter damit umgehen, wenn ich mich in einem solchen Augenblick frage: Was will mir diese Situation jetzt zeigen? Was kann ich aus dieser Situation lernen? Vielleicht ist es Geduld, vielleicht ist es Hingabe an die göttliche Schöpferkraft oder vielleicht ist es auch einfach, dass man seinen Blickwinkel ändern soll. Ich habe die Erfahrung gemacht, dass es mir auch hilft, die Situation mit Humor zu betrachten und auch mal über sich selbst zu lachen. Humor statt Ärger? Es gelingt mir nicht immer, aber immer öfter. Ich arbeite daran!

Hallo oder Guten Tag?

An einem Samstagvormittag war ich in einer großen Drogerie einkaufen. Als ich an der Kasse stand und darauf wartete, dass ich an die Reihe kam, um die Artikel zu bezahlen, die ich kaufen wollte, erlebte ich etwas Merkwürdiges.

Vor mir war eine ältere Frau an der Reihe. Die Kassiererin, eine ziemlich junge Frau, sagte höflich: „Hallo" zu der Frau. Daraufhin polterte diese los: „Ich kann es nicht mehr hören, dieses Hallo! Es heißt guten Tag! Oder Sie sagen besser nichts." Daraufhin die Kassiererin: „Ich habe nur freundlich ‚hallo' gesagt. Ich finde es wichtig, dass ich freundlich bin." „Es heißt guten Tag", bekräftigte die Frau noch mal. „Ich gehöre doch nicht zu ihren Kumpels. Ich bin eine Kundin und will entsprechend behandelt werden." Mittlerweile war sie noch lauter geworden.

Ich stand sprachlos da und beobachtete die Szene. Typischer Generationenkonflikt, dachte ich nur. Die Kassiererin verzweifelte langsam und wiederholte immer wieder: „Ich habe doch nur freundlich ‚hallo' gesagt, das sage ich zu jedem."

Zum Glück gab die ältere Frau irgendwann auf, packte ihre Sachen zusammen und zog von dannen.

Jetzt war ich mit dem Bezahlen an der Reihe.

„Hallo", sagte die Kassiererin und fragte: „Ist das für Sie okay so?" „Klar", antwortete ich und sagte zu ihr: „Wahrscheinlich war das ein typischer Generationenkonflikt. Oder die Frau hatte sich vielleicht vorher über irgendetwas geärgert und Sie waren das Ventil, um Ärger abzulassen."

„Zum Glück gibt es auch freundliche Kunden", bedankte sich die Kassiererin bei mir. Ich war glücklich darüber, dass ich ihr ein bisschen helfen konnte, ihre gute Laune wiederzubekommen.

„Hallo" oder „Guten Tag", das ist hier die Frage. Aber ist sie das wirklich? Sicher kommt es auf die Worte an, die wir verwenden, wenn wir kommunizieren, egal, ob wir schriftlich oder mündlich kommunizieren.

Jedes Wort schwingt anders, hat eine andere Energie. das sollte man auch unbedingt berücksichtigen.

Es geht also darum, Worte bewusst zu verwenden. Das Wort ‚Dankbarkeit' beispielsweise hat eine andere Energie als das Wort ‚Mangel'. ‚Liebe' schwingt anders als ‚Hass'.

Aber es ist noch etwas anderes in dieser Geschichte verborgen, was mir persönlich wichtig ist: Es kommt auf das **Wie** an. Ein freundliches ‚Hallo' finde ich allemal besser als ein unfreundliches ‚Guten Tag'. Und eine Frage kommt mir auch noch in den Sinn: Macht ein Mensch, der lauthals schimpft, nur weil jemand freundlich "hallo" sagt, die Welt wirklich zu einem besseren Ort?

Wenn das Leben Geschenke macht

Es ist schon einige Zeit her, da schrieb ich an meinem Geburtstag auf Twitter folgendes:

Heute bin ich dankbar für die Geschenke, die ich in meinem Leben erhalte, Wunscherfüllungen und liebevolle Überraschungen.

Nun, über etwas zu schreiben, ist die eine Sache, es auch im Leben umzusetzen, die andere Sache. Aber, wenn ich so einen Tweet sende, dann hilft es mir auch, mich auf das Thema zu fokussieren, über das ich da gerade geschrieben habe. Oft mache ich daraus eine kleine Bewusstseins-Übung. Ich war gespannt, ob es auch diesmal funktionieren würde, wenn ich mich den ganzen Tag auf die Geschenke konzentrierte.

Das begann schon damit, dass ich seit Jahren das erste Mal wieder an meinem Geburtstag auf der Arbeit war, statt Urlaub zu nehmen. Und tatsächlich gab es schon hier die ersten liebevollen Geschenke. Meine eine Kollegin brachte leckeren Kuchen mit und meine andere Kollegin überraschte mich mit einem Frühstück. Am Nachmittag saß ich noch mit einer Bekannten draußen und wir genossen den leckeren Kuchen, den mir meine Kollegin mitgebracht hatte. Es war einfach wunderbar, dort zu sitzen, die Sonne zu genießen und sich daran zu erfreuen. Das waren so wertvolle Augenblicke, an die ich mich sicher noch eine Weile erinnern werde.

Am nächsten Tag setzte sich die Geschenkserie fort. Ich traf mich mit zwei Teilnehmern aus meiner Coaching-Ausbildung zum Üben und beide machten mir ein nachträgliches Geburtstagsgeschenk. Damit hatte ich überhaupt nicht gerechnet. Außerdem hatten wir einen wunderschönen Übungstag, der damit endete, dass wir dort im Garten frische Walnüsse sammelten, die wir mit nach Hause nehmen durften. Auch dieser Tag war ein Geschenk.

Abends ging ich noch schnell einkaufen und bekam tatsächlich noch ein weiteres Geschenk. Wie immer hatte ich meinen Einkaufswagen ziemlich vollgeladen, mit dabei war auch ein Kasten Wasser. Für eine Weile überlegte ich, wie ich das wohl alles mit dem Bus nach Hause transportieren würde, als ich plötzlich eine Stimme hinter mir hörte: „Ich kann dich mit nach Hause nehmen." Ich schaute mich um und sah meine Nachbarin. „Sie sind ein Engel", sagte ich zu ihr, dankbar dafür, dass sie ‚zufällig' gerade zur gleichen Zeit im gleichen Laden war und mir dieses Angebot machte.

Wenn sich alles so fügt in meinem Leben, wenn diese unerwarteten aber doch kostbaren Geschenke kommen, dann fühle ich mich besonders getragen. Dann habe ich das Gefühl, da ist eine höhere Kraft, die alles lenkt und führt und alles zum Besten für das Ganze geschehen lässt. Diese Augenblicke, in denen es mir bewusst ist, wie viele Geschenke ich eigentlich in meinem Leben bekomme, genieße ich besonders und bin dankbar dafür, dass ich sie habe.

Welche Geschenke macht das Leben dir?

Die Kunst des Nein-Sagens

Es ist schon ein paar Tage her, als ich Zeuge der Kunst des Nein-Sagens wurde. Ich war zusammen mit Geschäftspartnerinnen auf einem Treffen eines Berufsnetzwerks. Bevor ich weiter erzähle, möchte ich noch folgendes vorausschicken: Mir fällt es schwer, Nein zu sagen. Ich habe dann Bedenken, ob ich mein Gegenüber nicht beleidige oder verletze. Schon oft habe ich deshalb Situationen erlebt, in denen ein Nein besser gewesen wäre, ich aber trotzdem, wenn auch widerwillig, Ja gesagt habe.

Das Treffen fand in einem Hotel statt und Teil des Programms war es, dass wir dort auch etwas zum Essen bestellten. Es gab drei Gerichte zur Auswahl und mehrere Teilnehmer bestellten einen Salatteller mit gebackenem Schafskäse, darunter waren meine Geschäftspartnerin, die mich an diesem Abend die Kunst des Nein-Sagens lehren sollte, und ich.

Als alle ihr Essen bekamen, kam auch unser Salat. Nur irgendetwas fehlte. Nicht nur, dass kaum Salatsoße zu sehen war. Nein, der Schafskäse, der laut Speisekarte mit ihm kommen sollte, fehlte auch.

Die Dame die neben mir saß, sagte dem Kellner, dass weder Salatsoße noch Schafskäse auf dem Salat wären und dass sie diesen so nicht essen würde. Sie war höflich, aber bestimmt. Zwischendurch beobachtete ich, dass andere, die ein Gericht mit gebackenen Pilzen hatten, große Stücke Schafskäse auf ihrem Teller hatten und das, obwohl dieses Gericht nicht in Kombination mit Schafskäse auf der Karte stand.

Nach einer Weile brachte der Kellner jedem von uns Salatsoße und ein winziges Stück Schafskäse. Wir waren immer noch etwas verstimmt. Irgendetwas war wohl in der Küche schief gelaufen. Dennoch fingen wir an unseren Salat zu essen. Und es dauerte nicht lange, da kam der Kellner wieder. Er sagte, dass wir einen Preisnachlass von fünf Euro auf den Salat bekommen würden und entschuldigte sich nochmals für den Ärger.

Eine andere Netzwerk-Partnerin, die bei uns am Tisch saß, schenkte uns während wir warteten, besondere Energiekugeln aus Kräutern, die – wie sie uns erklärte – etwas ganz Kostbares waren, denn es waren auch die letzten, die sie davon hatte. Mich berührte dieses Geschenk, denn es war für mich ein Ausdruck von Liebe. Diese kleine Aufmerksamkeit und die Tatsache, dass wir einen Preisnachlass bekamen, lehrten mich, dass man immer seinem Herzen folgen sollte, auch wenn es mal Nein sagt. Auch Nein sagen kann unerwartete Geschenke bringen.

Wie das Leben zu uns spricht

Es geschieht immer mal wieder, da habe ich drängende Fragen im Leben, auf die ich möglichst schnell eine Antwort haben möchte. Oft beschäftigt mich gerade ein Problem oder – ich sage besser eine Herausforderung – in meinem Leben. Doch woher kommt die Antwort auf diese drängenden Fragen?

Manche Menschen haben Meditations- oder Kontemplationstechniken für sich entdeckt, mit denen sie die Antwort direkt aus dem Herzen erhalten. Das ist wunderbar, eignet sich aber nicht unbedingt, wenn man irgendwo unterwegs ist und schnell eine Antwort braucht, aber nicht die Stille für eine Meditation oder Kontemplation hat.

Ich habe festgestellt, dass die innere Weisheit manchmal auch im Alltag zu mir spricht, ohne dass ich mich in eine Meditationshaltung begebe und in die Stille gehe. Sie spricht einfach durch andere Menschen, die mir etwas sagen oder durch Plakate, die ich sehe. Man kann, wenn man es möchte, das gesamte Leben als eine spirituelle Erfahrung begreifen.

Früher fiel mir das auch schwer. Ich saß manchmal stundenlang an einem Platz und meditierte. Ich wollte am liebsten den ganzen Tag meditieren und nicht so richtig am Leben teilnehmen. Es erschien mir nicht spirituell genug.

Doch dann erlebte ich es eines Tages, dass die höhere oder innere Weisheit auch im täglichen Leben zu mir sprach.

Auch in jener Woche hatte ich wieder einige solche Erfahrungen. Es war Monatsende und meine Gedanken drehten sich wieder um die Finanzen und um den Geldmangel, so nach dem Motto: „Warum ist bloß am Ende des Geldes noch so viel Monat da?"

Ich fragte mich, wann sich dieser Zustand endlich ändern würde. Als ich in einem Laden war, wo es auch Zeitschriften und Zeitungen gab, fiel mein Blick auf die Schlagzeile auf der ersten Seite einer bekannten Boulevard-Zeitschrift. Dort stand: „Steuergeschenk. Im März gibt es mehr Geld." Irgendwie besserte das meine Laune schlagartig. Ich interpretierte das als Antwort auf meine Frage. Nicht, dass es im März mehr Geld geben wird, sondern dass ich in nicht allzu ferner Zukunft mehr Geld haben würde.

Ein paar Tage später machte mir die innere Weisheit bewusst, in was für Glaubenssätzen ich aber immer noch festhing. Glaubenssätze, die im Widerspruch zu einem Leben in Reichtum und Fülle standen. Ich stand in der Mittagspause an der Kasse der Kantine. Da man bei der Firma, bei der ich arbeite, nur mit wiederaufladbarer Karte zahlen kann, muss man immer darauf achten, dass man genug Geld auf der Karte hat. Einen Teil hatte ich schon mit der Karte bezahlt, als ich im angrenzenden Laden war und mich mit Süßigkeiten für den Nachmittag versorgt hatte.

Während ich darauf wartete, endlich mein Mittagessen bezahlen zu können, fertigte die Kassiererin andere Kollegen ab, die vor mir an der Reihe waren. Plötzlich sagte sie zu jemandem: „Sie haben zu wenig Kredit auf ihrer Karte." Sofort fühlte ich mich angesprochen, obwohl ich nicht gemeint war.

Diese Szene zeigte mir deutlich, dass ich noch immer das Gefühl hatte, nicht genug Geld zu haben und dann natürlich auch nicht genug Kredit zum Leben. Sobald es um Themen ging, die mit Geldmangel zu tun hatten, fühlte ich mich immer noch automatisch angesprochen, obwohl ich gar nicht gemeint war.

Ich lächelte. Seit Wochen versuchte ich innerlich im Fülle-Bewusstsein zu sein, doch diese Szene zeigte mir deutlich, dass ich das immer noch nicht so recht konnte. Aber ich war dankbar dafür, dass mir das durch diese Situation bewusst wurde. Denn ist es mir erst einmal bewusst, kann ich daran arbeiten, etwas zu verändern.

Das Leben spricht natürlich nicht nur in Gelddingen zu uns. Auch bei anderen Themen hat es bei mir schon geklappt. Hier noch ein Beispiel: Vor Jahren hatte ich einen Chef, der mich ziemlich nervte. Er regte sich schnell auf, brüllte auch mal ganz gerne und kam meistens fünf Minuten vor Dienstschluss, weil er noch etwas Dringendes erledigt haben wollte. Wenn das ab und zu geschieht, ist das ja in Ordnung, aber eben nicht ständig. Er selbst kam nämlich oft erst mittags und arbeitete bis spät abends, während wir schon pünktlich morgens um 8:30 Uhr am Arbeitsplatz waren.

Irgendwann fragte ich mich: „Wie lange soll das noch so gehen? Es ist einfach nicht in Ordnung."

Ein paar Tage später ging ich bei unserer Firma durch die Eingangspforte, als ich hörte, wie jemand zu einer anderen Person sagte: „Er wird nicht mehr lange bleiben." Sofort wusste ich intuitiv, dass das eine Botschaft der inneren Weisheit bezüglich meines Chefs war. Und tatsächlich: Es dauerte nicht lange, dieser Chef verließ das Unternehmen und wir bekamen einen neuen Chef.

Ich bin dankbar für meine innere Weisheit, meine innere Führung, die mir die Antworten gibt, die ich gerade in meinem Leben brauche.

Auf welche Art und Weise schenkt deine innere Weisheit dir die Antworten, die du in deinem Leben brauchst?

Für einen ganz besonderen Freund

Diesen Text möchte ich einem ganz besonderen Freund widmen, der mich vierzehn Jahre lang begleitet hat, bis zu jenem Tag vor ein paar Jahren. Dieser Freund war immer für mich da und bis zum Schluss habe ich gehofft, dass er mich auch noch weiterhin begleiten wird.

Nein, es war kein Mensch, sondern ein Baum, ein Baum vor meinem Küchenfenster. Ich hätte ihn gerne noch weiter gehabt, aber andere Menschen meinten, es wäre Zeit, ihn abzusägen und seinem Leben ein Ende zu setzen.

Wie alles begann: Vor über 20 Jahren zog ich in meine erste Wohnung in Wiesbaden. Wohnung ist eigentlich zu viel gesagt, es war ein 35 m² kleines Ein-Zimmer-Appartement. Bevor ich dort einzog, hatte ich eine Vision ein inneres Bild: Eines Tages würde ich in einer Wohnung wohnen, wo ich einen großen, schönen Laubbaum vor dem Fenster haben würde. Dies war bei dem Appartement nicht der Fall. Dennoch lebte ich dort fünf Jahre lang.

Dann war es Zeit, weiter zu ziehen. In der Wohnung war es zu laut und sie wurde auch allmählich zu klein. Und so machte ich mich auf eine Besichtigungstour, die drei Jahre dauerte. Ich besichtigte über 15 Wohnungen, bis ich endlich eine geeignete Bleibe fand.

Eines Tages sah ich einen Aushang in der Firma, in der ich arbeitete. Die Beschreibung der Wohnung klang vielversprechend, und so machte ich einen Besichtigungstermin aus.

Bei der Besichtigung sah ich ihn dann, den Baum vor dem Küchenfenster und erinnerte mich plötzlich wieder an meine Vision, die ich Jahre zuvor gehabt hatte. Da wusste ich: Dies wird mein nächstes Zuhause. Diese Wohnung schien auf mich gewartet zu haben.

Den Baum habe ich mit der Zeit liebgewonnen. Er war immer da, ganz gleich, ob ich morgens im Winter verschlafen in die aufgehende Sonne schaute oder ob er mir im heißen Sommer Schatten spendete. Manchmal setzte sich ein Vogel auf den Baum oder ein Eichhörnchen turnte auf seinem Stamm herum. Auch den wildesten Stürmen trotzte er immer.

Ich dachte darüber nach, was so ein Baum alles aushält? Ist es nicht großartig, wie er wächst und gedeiht und allen Jahreszeiten mit ihren besonderen Herausforderungen standhält? Er ist einfach da – ohne Wenn und Aber, ohne zu fordern, ohne zu diskutieren. Er spendet den Tieren ein Zuhause, spendet Schatten und zeigt, dass es auch noch Leben zwischen all dem Beton in einer Großstadt gibt.

Doch dann kamen leider ein paar Entscheidungsträger hier in der Wohnanlage auf die

Idee, man könnte doch mal ein paar Bäume abholzen. Sicher, manchmal ist es notwendig. Ich weiß auch nicht, ob es bei meinem Freund notwendig war. Aber er war gesund und stark und wunderschön.

Bis zu jenem Tag, als er abgesägt wurde und seinem Leben jäh ein Ende gesetzt wurde. Als ich von der Arbeit nach Hause kam, stand an seiner Stelle nur noch ein großer Baumstumpf.

Ich werde ihn nie vergessen, meinen ganz besonderen Freund, den Baum vor meinem Küchenfenster, und bedanke mich für die gemeinsame Zeit, die wir hatten.

Engel am Bahnhof

Vor einigen Jahren fuhr ich privat öfters mal mit dem Zug nach Mannheim. So war es auch an jenem Samstag.

Vor der Hinfahrt stand erst mal der Kampf mit dem Fahrkartenautomaten auf dem Plan. Ich hatte alles eingegeben, mein Ziel, wann ich hinfahren und zurückfahren wollte, jetzt war das Bezahlen an der Reihe. Also nahm ich einen 50-Euro-Schein, kleiner hatte ich es nicht.

Doch aus irgendeinem unerfindlichen Grund wollte der Automat meinen Schein nicht. Ständig kam eine Anzeige: „Bitte Geld entnehmen." Vielleicht waren ihm 50 Euro generell zu viel? Vielleicht hatte der Schein irgendwo einen Knick und wurde deshalb nicht angenommen? Da stand ich nun und wusste nicht weiter. Die Zeit rann mir durch die Finger. Die Abfahrt des Zuges rückte immer näher. Langsam ergriff mich die Panik. Würde ich es überhaupt noch schaffen, meine Fahrkarte pünktlich vor der Abfahrt des Zuges zu bekommen?

Plötzlich entdeckte ich, dass man auch mit Karte bezahlen konnte. Das probierte ich als nächstes.

Also, alles wieder auf Anfang. Ziel eingeben, wann ich hinfahren will, wann ich zurückfahren will…und dann…die Karte in den Schlitz.

Die böse Überraschung war, der Automat wollte auch die Karte nicht, denn der Schlitz war blockiert. So langsam fing ich an, ein paar nicht so nette Bemerkungen über den Automaten zu machen. Schließlich dauerte es nicht mehr lange und mein Zug würde abfahren. Der nächste Zug fuhr erst wesentlich später, so dass ich es zu meinem Termin nicht mehr schaffen würde.

Wieder begann ich noch mal von neuem, an dem gleichen Automaten, meine Daten einzugeben. Ich dachte gar nicht darüber nach, dass es ja eben gerade schon nicht funktioniert hatte. Eher glaubte ich, dass ich einen Fehler gemacht hatte und es bei einem weiteren Versuch endlich funktionieren würde. Doch das war nicht so.

Neben mir war eine Dame an einem anderen Automaten damit beschäftigt, sich eine Fahrkarte zu ziehen. Nachdem sie ihre Fahrkarte glücklich in den Händen hielt, fragte sie mich, ob sie mir helfen könne. Ich war erleichtert. Endlich schien es weiterzugehen. Doch der Zeiger der Uhr in dem großen Raum, wo die Automaten standen, bewegte sich unaufhaltsam nach vorne. Wenn ich es jetzt nicht schaffen würde, mir die Fahrkarte zu ziehen, dann war es wirklich zu spät.

Zunächst schaute die Dame sich für mich um, ob irgendwo jemand vom Personal zu sehen war, der bereit war, mir zu helfen. Es war natürlich weit und breit keiner zu sehen.

„Versuchen Sie es doch mal an dem anderen Automaten, da hat das mit der Karte geklappt", sagte die hilfsbereite Dame zu mir. Da sie ihre Karte bereits in den Händen hielt, war der Automat frei. Also versuchte ich es dort. Wieder gab ich ein, wann ich hinfahren und zurückfahren wollte und natürlich welches Ziel ich hatte. Und was soll ich sagen? Tatsächlich klappte das, was ich schon fast nicht mehr für möglich gehalten hatte: Der Automat erlaubte es mir, mit meiner EC-Karte zu zahlen und spukte auch tatsächlich die Fahrkarte aus.

Ich bedankte mich erleichtert bei der Frau und rannte zum Bahnsteig. Gerade, als der Zug einfuhr, kam ich die Treppe herunter und sprang hinein.

Auf der Fahrt hatte ich Zeit, über dieses Erlebnis nachzudenken. Ich überlegte eine Weile, was mir das Leben mit dieser Erfahrung wohl sagen wollte. Sollte ich lernen, das nächste Mal, die Karte lieber vorher online zu kaufen und zuhause auszudrucken? Oder steckte in dieser Erfahrung vielleicht noch eine ganz andere Botschaft?

Um das herauszufinden, stelle ich mir manchmal vor, dass eine solche besondere Erfahrung wie ein Traum ist. Wenn das also ein Traum gewesen wäre, wie hätte ich ihn dann gedeutet? Das hilft mir manchmal, die Dinge, die ich erlebe, mit einem gewissen Abstand zu betrachten.

Mir kam der Gedanke, dass die Erfahrung mir zeigen wollte, dass ich vielleicht manchmal ein bisschen zu stur bin und neue Lösungen, die mir das Leben präsentiert, oft nicht sehe. Schließlich hätte ich es wahrscheinlich noch ein bis zwei weitere Male vergeblich an dem kaputten Automaten mit der Karte versucht, wenn die hilfsbereite Dame mir nicht den Vorschlag gemacht hätte, es doch mal an dem anderen Automaten zu probieren.

Was ich wunderbar fand, war, dass genau im richtigen Moment jemand auftauchte, der mir half. Die nette Dame war genau zu dem Zeitpunkt da, als ich sie brauchte. Das ist etwas, was ich manchmal in meinem Leben erlebe und manchmal denke ich dann, „der Himmel" schickt mir gerade jemanden, der mir hilft.

Doch die Geschichte geht noch weiter.

Abends kehrte ich wieder wohlbehalten aus Mannheim zurück und hatte noch ein bisschen Zeit, bis mein Bus fuhr. Diese Zeit verbrachte ich im Zeitschriftenladen am Bahnhof.

Plötzlich rief jemand meinen Namen. Als ich zur Seite schaute, sah ich eine Coaching-Kollegin, mit der ich gemeinsam eine Ausbildung gemacht hatte und die ich sehr mag. Dieses überraschende Wiedersehen war ein Geschenk für mich.

Sie stellte mich ihrem Mann vor, der auch gerade in irgendwelchen Zeitschriften blätterte und sagte: „Ja, wenn Engel sich treffen..."

Morgens hatte ich einen Engel getroffen, das war die Frau am Fahrkartenautomaten. Abends hatte ich die Kollegin getroffen. Wir beide hatten in diesem Moment empfunden, dass wir Engel sind.

Und stimmt es nicht auch? Sind wir nicht alle ein bisschen wie Engel auf Erden? Jeder auf seine Art und Weise, jeder mit seiner einzigartigen Form, wie er die Liebe ausdrückt, die in ihm ist?

Wie eine Entscheidung alles verändert

An diesem Tag war ich ein bisschen grummelig drauf. Mein Kontostand ließ mal wieder zu wünschen übrig und auch sonst lief gerade nicht alles so im Leben, wie ich es mir wünschte. Ich kam mit meiner freiberuflichen Tätigkeit nicht so recht voran und die Kunden schienen vom Sommerloch wie verschluckt zu sein.

Ich hatte einige Briefe geschrieben, Handyverträge gekündigt und eine Zeitschrift und überlegte, ob ich sie noch am selben Tag oder erst am nächsten Morgen zur Post bringen sollte, denn bei Kündigungen war es ja besser, diese per Einschreiben mit Rückschein zu verschicken.

„Ach, ich mache das besser am nächsten Morgen vor der Arbeit", überlegte ich mir, denn es waren Gewitter angesagt und der Himmel war mal dunkel und dann auch wieder nicht.

Doch dann geschah etwas, was mir manchmal passiert. Ganz plötzlich hatte ich doch die Eingebung, mich sofort auf den Weg zu machen und zur Post zu fahren. Wenn eine innere Eingebung so stark durchkommt, dann halte ich mich meistens daran.

Als ich eine Weile an der Bushaltestelle stand, sprach mich eine Frau an. Es war eine Nachbarin, die auch auf dem Weg in die Stadt war. Ich erzählte ihr, dass ich zur Post wollte und nannte die Hauptpost. „Ach, da muss man immer so lange anstehen", sagte sie. Ja, das stimmte. Doch ich ging immer dorthin, weil sie so schön zentral lag.

„Wenn du mit mir mit dem Bus fährst, dann kann ich dir eine Post zeigen, wo du nicht anstehen musst", sagte sie. Ja, eigentlich hatte ich mich entschieden, alleine zu sein. Ich war froh, alleine im Bus zu sitzen und meinen Gedanken nachzuhängen. Doch irgendetwas in mir ließ mich, ihr Angebot annehmen und etwas anderes auszuprobieren als ich es sonst immer tat. „Hat die Post denn auch über Mittag offen?", fragte ich. „Ja, das hat sie", war die Antwort.

Die Post lag in der Altstadt, genau genommen am Anfang der Fußgängerzone, jedenfalls von der Richtung, aus der wir kamen. Als wir dort ankamen hatte die Post allerdings zu. Sie machte erst um 14:30 Uhr wieder auf, wir hatten also 10 Minuten Zeit.

„Magst du mit mir solange in die schöne alte Kirche gehen?", fragte mich meine Nachbarin. „In die Kirche?", das hatte ich eigentlich überhaupt nicht auf meinem Plan gehabt. Doch ich entschied mich dafür, mit ihr zu gehen. In dieser Kirche war ich noch nie gewesen. Ich wusste nicht einmal, dass sie existierte. Innerlich war ich immer noch aufgewühlt von den vielen ‚Baustellen' in meinem

Leben. In dieser Kirche war es still. Eine Stille, die mich beeindruckte und die mir dabei half, durchzuatmen. Draußen war es schwülwarm, in der Kirche war es angenehm kühl. Und es gab nichts, was mich ablenkte. Hier hatte ich für einen Moment die Ruhe, die mir tagsüber so oft fehlte, um wieder bei mir selbst anzukommen, den Frust loszulassen und mich an die göttliche Quelle anzuschließen.

Plötzlich ging mir sprichwörtlich ein Licht auf. Während meine Nachbarin nach vorne ging und eine Kerze anzündete, wurde mir klar, dass ich in der letzten Zeit so oft am Alten, Gewohnten festgehalten hatte. Ich ließ mich nur schwer auf etwas Neues ein. Doch an diesem Tag hatte ich die Entscheidung an der Bushaltestelle getroffen, es zu probieren, mich einfach mal auf etwas anderes einzulassen. Die Entscheidung lag bei mir und ich war glücklich darüber, sie so getroffen zu haben.

Auf der Post musste ich tatsächlich nicht anstehen. Dadurch sparte ich bestimmt eine halbe Stunde Zeit. Anschließend schlenderten wir noch ein bisschen durch die Stadt.

Meine Nachbarin fragte mich: „Wollen wir noch ein Eis essen gehen?" Sie erzählte mir von einer Eisdiele, wo echtes italienisches Eis hergestellt wurde. Wir mussten allerdings ein Stück laufen. Hm… Eis wollte ich an diesem Tag eigentlich nicht essen und dann auch noch laufen? Doch weil alles andere schon so beglückend gewesen war, dachte ich: Okay, ich probiere auch das noch aus. Und… ich wurde echt nicht enttäuscht. Das Eis schmeckte wirklich lecker, zwei Kugeln Melone und Schokolade. Es tat mir gut, ‚mein Mütchen zu kühlen‘, wieder runter zu kommen. Da hatte Eis mir schon öfters geholfen. Vielleicht half es auch den Glückshormonen, weil es süß war. Das konnte ich jetzt nicht so genau sagen.

Die Eisdiele lag zwar an einer stark befahrenen Straße und der Nachmittagsverkehr rauschte unaufhaltsam an uns vorbei, als wir dort saßen und unser Eis aßen. Aber wir genossen es trotzdem. Ich hatte meine Nachbarin eingeladen, bzw. ihr Eis bezahlt, als Dank für den schönen Nachmittag.

Zuhause angekommen, spürte ich, dass ich wieder Energie hatte, weiterzumachen, dass ich dankbar war für die nette Gesellschaft, die ich in der Stadt hatte und mir wurde bewusst, wie eine Entscheidung, etwas zu tun oder nicht zu tun oder es früher oder später zu tun, manchmal das ganze Leben verändern kann.

Gehst du noch zur Schule?

Als ich vor Jahren mittags durch die Fußgängerzone spazierte, standen dort ein Junge und ein Mädchen, die Flyer von einem Nachhilfe-Institut verteilten. Ich ging an ihnen vorbei und hörte, wie sie jemandem, der hinter mir ging, fragten: „Gehst du noch zur Schule?"

In diesem Moment erinnerte ich mich an ein Ereignis, das nun schon viele Jahre zurücklag, an das ich mich aber noch genauso erinnere, als wäre es erst gestern gewesen. Ich war gerade 37 Jahre alte geworden und fuhr mit dem Bus zum Einkaufen. Neben mir saß eine ältere Dame, die mich plötzlich fragte: „Wohnst du noch zu Hause? Gehst du noch zur Schule?" Ich schaute sie entgeistert an und antwortete: „Nein, ich lebe alleine und arbeite! Ich glaube, ich war auch ziemlich unwirsch. Unverschämt, sieht die denn nicht, dass ich schon weit über 18 bin", dachte ich damals.

Als ich an jenem Samstag wieder die berühmte Frage hörte: „Gehst du noch zur Schule?", dachte ich an die Begebenheit im Bus damals und spürte, wie ich wütend wurde und sofort dachte: Die meinen doch wohl nicht mich? In jungen Jahren litt ich ziemlich darunter, dass ich immer jünger aussah als ich wirklich war. Ja, du kannst mir glauben, ich kann noch einige solche Begebenheiten erzählen, bei denen es ähnlich zuging, wie mit der älteren Dame im Bus. Aber ich erspare mir das jetzt an dieser Stelle. Schließlich meinten die diesmal ja gar nicht mich. Übrigens: Heutzutage, mit über 50 freue ich mich darüber jünger auszusehen. Damals erschien es mir als Nachteil, weil ich das Gefühl hatte, man nimmt mich nicht für voll. So ändern sich die Zeiten.

Während ich weiter durch die Fußgängerzone spazierte, ließ mich die Frage: „Gehst du noch zur Schule?" immer noch nicht los.

Und dann fiel mir plötzlich ein: Ja, klar, gehe ich noch zur Schule und zwar in die Schule des Lebens. Die gefällt mir zwar manchmal überhaupt nicht mit ihren Lektionen und Herausforderungen, aber wenn ich noch mehr darüber nachdenke, dann habe ich gerade in dieser Schule sehr viel gelernt und werde wahrscheinlich mein Leben lang noch viel lernen.

Ja, eine Schule, in der man ewig Schüler ist. Verrückt, oder?

Die Schule des Lebens lehrt mich so manches, was ich in einer normalen Schule nicht lernen würde. Es ist immer mal das eine oder andere Thema vorrangig, meistens sind es – zum Glück – nicht alle Themen auf einmal.

Das sind Themen, wie z. B.:

- ✓ Selbstvertrauen und Selbstliebe
- ✓ Wie Ursache und Wirkung funktionieren
- ✓ Dankbarkeit
- ✓ Lebensweisheit
- ✓ Der inneren Führung vertrauen
- ✓ Kreativität
- ✓ Liebe geben und annehmen
- ✓ Mich selbst bewusst als Seele wahrnehmen
- ✓ Den Überblick auch in schwierigen Zeiten behalten
- ✓ Und bestimmt noch vieles mehr, was mir gerade nicht einfällt.

Und so war ich froh darüber, dass ich an jenem Tag mal wieder die Frage hörte: „Gehst du noch zur Schule?"

Denn dadurch wurde mir wieder einmal bewusst, wie wertvoll doch diese Schule des Lebens ist, auch wenn es mir gerade in schwierigen Zeiten, in denen vieles aussichtslos erscheint, nicht immer leicht fällt, dankbar dafür zu sein, so übe ich es dennoch.

Wie geht es dir mit der Schule des Lebens?

Das Herz im Bierschaum

Vor ein paar Jahren im Sommer, als endlich mal schönes Wetter war, war ich zusammen mit einer Freundin abends unterwegs. Wir saßen im Biergarten einer kleinen Kneipe in einem Stadtteil von Mainz. Der Biergarten war mehr ein kleiner Innenhof, mit ein paar Tischen. Fast so, wie ich mir immer einen Innenhof für ein eigenes Haus wünsche.

Plötzlich fing ich an, mir darüber Gedanken zu machen, ob es wohl richtig sei, ein Bier zu trinken.

Ein Teil in mir sagte: Wenn ich ein spiritueller Mensch bin und wachsen möchte, dann sollte ich lieber auf das Bier verzichten, denn es vernebelt meine Aura und meinen Geist. Ein anderer Teil in mir wollte einfach das Leben und diesen Abend mit meiner Freundin mit einem Bier genießen. So ging es eine ganze Weile innerlich hin- und her. War es nicht besser, asketisch zu sein und auf jeglichen Alkohol zu verzichten?

Ich bin eher so gestrickt, dass ich alles hundertprozentig machen will. Meine spirituelle Entfaltung ist mir sehr wichtig und dafür bin ich auch bereit, auf manche Dinge zu verzichten, wie z. B. auf Alkohol.

Aber an jenem Abend war der Teil in mir, der das Leben einfach genießen wollte, ziemlich stark und ich bestellte mir ein Bier. Man sollte es nicht glauben, der asketische Teil in mir, ließ mir keine Ruhe und zerrte weiter an mir herum. „Wie konntest du nur! Du wirst sehen, was du davon hast."Es fing an mich zu nerven und mir den Abend zu verderben.

Doch dann geschah etwas Unerwartetes: Als die Kellnerin mir das Bier brachte, sagte sie: „Schauen Sie mal: Ich habe Ihnen ein Herz in den Bierschaum gemacht." Tatsächlich, der Bierschaum hatte oben auf der Krone die Form eines Herzens. Das berührte mich so sehr, dass ich mein Herz öffnen konnte und die Liebe, die für mich in diesem ganz besonderen Geschenk lag, das mir in diesem Moment zuteilwurde, spüren konnte.

Meine Zweifel darüber, ob es nun in Ordnung war, dieses Bier zu trinken oder nicht, konnte ich dadurch loslassen.

Das Leben meinte wohl, ich würde noch ein weiteres Zeichen der Liebe brauchen: Es kam der Hund der Wirtin zu uns an den Tisch. Hunde sind für mich ein Symbol für bedingungslose Liebe. Sie sind einfach, wie sie sind und geben ihre Liebe freimütig, zumindest normalerweise.

Diese Erfahrung zeigte mir deutlich, dass die Liebe das Wichtigste im Universum ist. Die Liebe für mich selbst, für das Leben, die Seelen, die mir begegnen. Doch zu der Liebe für mich selbst gehört es auch, ab und zu einfach mal das Leben zu genießen und dankbar zu sein für den Augenblick und die Menschen und Tiere, mit denen ich diesen teilen darf.

Das Leben feiern

Es ist schon eine Weile her, da unterhielt ich mich mit einer Kollegin über das Thema *Was ist Realität*. Wir sprachen über Fernsehsendungen, die sich nur mit Armut und Mangeldenken beschäftigen. Ich sagte zu ihr, dass es nicht das ist, worauf ich meine Aufmerksamkeit legen möchte. Sie sagte: „Aber das ist die Realität!" Ich erwiderte, dass das ziemlich einseitig wäre, wenn das die Realität wäre. Weiter führte ich das dann nicht aus, denn ich bin mittlerweile der Meinung, dass wir unsere Realität selbst erschaffen können.

Natürlich hatte ich auch schon viele Zeiten, eigentlich sogar einen Großteil meines bisherigen Lebens, an denen ich die Realität nur in düsteren Farben sehen konnte und sie für mich unabänderlich war.

Dann hatte ich Phasen, in denen ich alles aufs Karma schob. Ja, ich scheine wohl in anderen Leben ein besonders schlechtes Karma aufgebaut zu haben und nun muss ich die Suppe auslöffeln. So lautete mein Denken zu jener Zeit.

Doch inzwischen habe ich gelernt, dass dies nur zum Teil die Wahrheit ist. Sicher ist es so, dass wir hier in dieser Welt unsere Erfahrungen machen und manchmal Entscheidungen treffen, die spätere Auswirkungen haben, die vielleicht auch unangenehm sein können. Doch ist es wirklich so, dass ich nichts ändern kann? Gibt es nicht Dinge in meinem Leben, die ich sehr wohl ändern kann, wenn ich die Verantwortung dafür übernehme?

Doch was bedeutet es wirklich, Verantwortung für das eigene Leben zu übernehmen?

Für meine Gefühle z. B. bin ich selbst verantwortlich. Ich kann sie jederzeit ändern.

Ein Beispiel dazu: Vor einiger Zeit war ich einkaufen. Als ich gerade in der Umkleidekabine einen Pulli anprobierte, hörte ich, wie eine Frau ganz begeistert erzählte, dass ihre Tochter zurzeit in den USA sei und für einige Monate dort lebte.

Sofort dachte ich daran, dass ich auch mal davon geträumt hatte, dort zu leben. Damals war ich bereits 46 und hatte es noch immer nicht geschafft. Es fielen mir noch ein paar weitere Dinge ein, die ich alle noch in diesem Leben tun wollte und bisher nicht getan hatte. Das frustrierte mich. So konnte das nicht weitergehen!

Als ich zu Hause war, tat ich erst mal alles, um mich wieder in ein gutes Gefühl zu bringen. Ich machte mir etwas Leckeres zum Essen, ruhte mich aus und hörte meine Lieblingslieder. So langsam spürte ich, dass meine Gefühle von Unglücklich sein und Mangeldenken wieder in Richtung Glücklichsein gingen.

Die äußere Realität spiegelt unsere innere Realität. Das ist etwas, was ich lange Zeit auch nicht glauben wollte.

Dabei erscheint es mir nur logisch: Wenn ich im Inneren immer traurig bin und nur darüber nachdenke, was alles in meinem Leben fehlt, wie soll ich dann Fülle und Freude in mein Leben ziehen? Auch das Gesetz der Resonanz besagt, dass man das in sein Leben zieht, was in einem ist. Das äußere Leben als Spiegel für das Innere, das ist nicht immer angenehm...

Dazu wieder ein kleines Beispiel aus meinem Leben. Es war ein Tag, an dem ich mich wieder einmal über die Bahn geärgert hatte, denn ich wollte Sonntag schon ziemlich früh nach Mannheim fahren. Doch den einen Zug hat die Bahn ersatzlos gestrichen und bei den Regionalzügen gab es wegen Bauarbeiten auch noch Schienenersatzverkehr mit mehrfachem Umsteigen. Toll! Da schleichen sich doch schnell so Gedanken ein, wie: Warum ist das alles immer so beschissen? Immer muss ich es so schwer haben!

Bevor ich noch weiter in diesen negativen Gefühlskreislauf einstieg, sagte ich zu mir: Stopp! Was möchte diese Situation mir sagen? Welche Möglichkeiten habe ich im Moment? Ich könnte z. B. nur einen Termin wahrnehmen und später fahren oder gar nicht fahren. Oder natürlich auch zigmal umsteigen… Das ist doch eine große Fülle an Möglichkeiten, oder? Auch wenn mir nicht alle davon gefallen.

Dann fiel mir plötzlich dieser Satz ein: Kreiere deine Realität – feiere dein Leben!

Der Vorteil dieser Methode ist, dass man nicht im Opferbewusstsein verharrt, sondern aktiv etwas tut. Ich akzeptiere die jetzige Situation, wie sie ist, bedanke mich dafür und erschaffe mir eine neue Situation. Und dann kommt das Wichtigste: Loslassen und darauf achten, welche Anstöße die innere Führung gibt, was man tun kann oder ob man seinen Traum vielleicht noch verändern sollte.

Seitdem ich nach diesem Prinzip lebe, bin ich glücklicher als vorher. Wie viele Jahre habe ich gebraucht, bis ich so weit gekommen bin, dies zu erkennen. Und erkennen heißt noch lange nicht, dass ich es immer gleich so umsetzen kann. Aber ich arbeite daran.

Nichts ist so, wie es zu sein scheint

Es war an einem Tag, als ich mal wieder am Bahnhof war. Diesmal wollte ich mit der Straßenbahn fahren.

Ich erinnerte mich daran, dass ich vor Jahren mal ein Fernstudium im Kreativen Schreiben gemacht hatte. Meine damalige Lehrerin schrieb mir, ich sollte mich doch in eine Bahnhofsgaststätte setzen, um dort zu schreiben. Was ich schrieb, wäre ihr zu lieblich, zu harmonisch. Ich verstand das damals überhaupt nicht. Eine düstere verrauchte Bahnhofskneipe, das passte einfach nicht. Ich beschloss, das Schreibstudium zu kündigen, denn ich wollte und will immer noch, meinen eigenen Stil entdecken und mir nicht vorschreiben lassen, wie und wo ich zu schreiben habe. Das Wichtigste aber war es schon damals für mich, aus dem Herzen zu schreiben – und das war für mich mit einer Bahnhofskneipe nicht zu vereinbaren.

Ja, manchmal hat das Leben oder Gott, oder wie wir es auch immer nennen wollen, andere Pläne. Seit einigen Jahren bin ich ständiger Gast auf Bahnhöfen, zwar nicht in den Kneipen, aber an den Haltestellen und auf den Gleisen, da ich fast ausschließlich mit öffentlichen Verkehrsmitteln fahre.

Doch nun zurück zu jenem Tag. Ich saß am Bahnhof und wartete auf die Straßenbahn. Dabei beobachtete ich die Menschen. Ältere, gebrechliche Menschen, jüngere Menschen, die es eilig hatten. Manchen Menschen sah ich an, dass sie kein leichtes Leben hatten. Da war das Gesicht angespannt, die Mundwinkel gingen nach unten, als wenn das Lächeln schon lange entwichen wäre und sich ewig nicht mehr gezeigt hätte. Manche gingen gebückt, als ob eine große Last auf ihren Schultern lag. Eine Frau trank schon am Vormittag Bier, so als wolle sie damit in einen sanften Nebel eintauchen, der sie umhüllte, damit sie die Schmerzen, die das Leben ihr zugefügt hatte, nicht länger spüren musste. Als würde sie sich nur vom Alkohol umnebelt sicher fühlen.

In diesem Moment fragte ich mich: Ist Gott wirklich Liebe? Ist Gott Liebe, wenn er es zulässt, dass das Leben für viele Menschen offensichtlich so schwierig ist? Dann dachte ich darüber nach, dass das schon wieder ein menschliches Denken war. Denn sind für Gott nicht alle Menschen gleich? Liebt Gott nicht jeden, so wie er ist? Ist die Lebenssituation des einzelnen dabei vielleicht gar nicht das Entscheidende?

In diesem Moment fiel mir ein, dass ich schon öfters gelesen hatte, dass diese Welt ein Ort des Lernens ist. Vielleicht waren die Menschen deswegen unterschiedlich. Manche waren glücklich, manche nicht. Manche hatten gerade eine schwierige

Phase in ihrem Leben, andere schien das Glück nur so anzuziehen.

Dann überlegte ich weiter, was damit gemeint sein könnte, dass diese Welt ein Ort zum Lernen ist. War es nicht so, dass ich etwas tue, mich dafür entscheide, etwas Bestimmtes zu machen und deshalb erlebe ich eine bestimmte Situation, mache ich eine bestimmte Erfahrung. Entscheide ich aus dem Herzen und handle aus Liebe, ohne daran eine Bedingung zu knüpfen, dann bin ich in der Liebe und werde sehr wahrscheinlich auch liebevolle Erfahrungen machen. Es wurde mir bewusst, dass ich gerade dabei war, die Menschen, die mir begegneten in Schubladen zu stecken. Der oder die sieht so aus, deshalb hat er oder sie ein schwieriges Leben, etc.

In diesem Augenblick entschied ich mich dafür, in nächster Zeit mehr von einem höheren Blickpunkt aus zu schauen und nicht in diesem Schubladendenken hängen zu bleiben. Was weiß ich denn, ob andere Menschen ihr Leben als schwer empfinden, auch wenn ich das vielleicht denke. Vielleicht sind sie ja zufrieden mit ihrem Leben, auch wenn ich denke, dass sie es nicht sind.

Während ich so nachdachte und auf die Bahn wartete, hielt am gegenüberliegenden Straßenbahngleis eine Straßenbahn und alle Leute stiegen aus. Nach einiger Zeit rief der Fahrer in welche Richtung er als nächstes fahren wollte und bat die Leute einzusteigen. Ich beobachtete das und dachte, das ist ja die Gegenrichtung, das geht mich nichts an. Als die Ansage noch einmal kam, schaute ich intuitiv auf die Anzeigetafel, auf der stand, wann meine Straßenbahn kommen würde. Und was stand dort? Die Endhaltestelle und die Richtung, in die die Bahn auf der anderen Seite fahren wollte. Also bin ich da noch schnell eingestiegen.

In diesem Moment dachte ich: Ja, nichts im Leben ist so, wie es zu sein scheint. Es sah aus, als würde die Bahn in die Gegenrichtung fahren. Sie ist aber in meine Richtung gefahren.

So ist es auch mit den Dingen, die einem im Leben begegnen: Manchmal sieht eine Situation im Leben vielleicht erst schwierig aus, doch dann ergibt sich daraus etwas völlig Neues. Wenn man Jahre später zurückschaut, dann erkennt man die Zusammenhänge.

So ist es mir schon öfters gegangen und letztendlich ja auch mit dem Thema ‚Bahnhof‘. Denn damals, während des Schreibkurses, hätte ich nie gedacht, dass ich gerade dort einmal so viele Themen und Schreibideen finden würde.

Ein Brief an die Seele

Manchmal, wenn ich im Leben verzweifelt bin und im Moment nicht weiter weiß, dann schreibe ich einen Brief an die Seele.

Auch, wenn ich als „Menschlein" nicht immer durchblicke, warum gerade bestimmte Dinge in meinem Leben geschehen oder manches auf sich warten lässt, was ich gerne schon verwirklicht hätte, die Seele kennt die Antwort. Es tut mir gut, einen solchen Brief zu schreiben. Oft sehe ich hinterher klarer oder fühle mich erleichtert.

Hier ein Brief, den ich 2014 geschrieben habe:

Liebe Seele,

manchmal ist es ganz schön heftig, wenn du anklopfst. Ich habe es schon verstanden, dass es an der Zeit ist, in meinem Leben etwas zu verändern. Nicht immer bin ich so ein Blitzmerker, manchmal brauche ich etwas länger, bis ich verstehe, dass du mir etwas sagen möchtest. Ich glaube, du willst mir mitteilen, dass es Zeit ist, aufzubrechen und den nächsten Schritt zu gehen auf dem langen Weg durch die vielen Leben auf der Erde, zurück in die wahre Heimat.

Aber im Moment brauche ich deine Unterstützung, damit ich das wahr machen kann.

Es nützt mir nichts, wenn ich immer wieder auf das gestoßen werde, was nicht funktioniert. Oder wenn ich etwas aus meinem Herzen tue, weil du es mir gezeigt hast, ich soll es tun, und dann verhallt es im Nichts, weil es niemand wahrnimmt.

Ich finde, es nützt mir auch nicht so viel, wenn du mir jeden Tag zeigst, dass meine jetzige Situation unerträglich ist, mein Job, meine Finanzen, die Einsamkeit und das Gefühl, nicht mehr am richtigen Ort zu sein. Das tut mir jedes Mal so weh, dass ich weinen muss und mich wertlos fühle. Dann vergesse ich völlig, wie viele Schätze ich in dieses Leben mitgebracht habe. Ich sehe sie dann nicht mehr, weil alles verschleiert ist durch den Tränennebel, hinter dem sich dein Licht versteckt.

Viel eher würde ich mir von dir wünschen, dass du mir einen Weg zeigst, wie ich immer mehr aus meinem Herzen leben kann, wie ich die Menschen treffe, die mich dabei unterstützen und die es wertschätzen, wenn ich etwas von meiner Zeit, meiner Liebe und meinen Talenten gebe. Ich helfe gerne anderen Menschen das Gleiche zu tun, denn ich glaube, dass immer mehr Menschen aus dem Herzen leben und die Welt mit ihrem Licht und ihren Talenten bereichern wollen. Menschen, die wissen, dass die Welt und alle Geschöpfe, die in ihr leben, jetzt ganz besonders viel Licht und Liebe brauchen.

Das alles geht nur, wenn du, liebe Seele, mich dabei unterstützt, meinem Lebensplan zu folgen. Denn du weißt den Weg, du bist die Erhabene, die nicht nur den nächsten Schritt sieht, sondern das Ganze. Deshalb bin ich dir dankbar dafür, wenn du mich an die Hand nimmst und mir zeigst, wie ich jetzt das loslassen kann, was nicht mehr zu meinem Lebensplan passt, und wie ich das Neue manifestieren kann, was sich schon lange zeigen will, so wie aus der Raupe eines Tages ein wunderschöner Schmetterling wird.

Danke – in Licht und Liebe

Anne-Kerstin

Die inneren Grenzen überschreiten

Man glaubt ja gar nicht, was einem alles so passiert, wenn man samstags in die Stadt geht. Da probiert man in einem Bekleidungsgeschäft nichts ahnend eine Fleece-Jacke in Größe L an, findet sie zu klein und probiert die Jacke in XL an, nur um festzustellen, dass diese noch kleiner ist. Du glaubst das nicht? Doch, genau so hat es sich an jenem Samstagvormittag in einem Billigklamottenladen in Mainz zugetragen.

Das ist ja nicht weiter schlimm, wenn etwas falsch ausgezeichnet ist, dann ändert man das halt.

Ich schaute mich nach einer Verkäuferin um, der ich mein Dilemma mit den Größen mitteilen konnte. Bei der Anprobe entdeckte ich eine Frau, die darauf aufpasste, dass niemand zu viele Kleidungsstücke mit in die Umkleidekabine nahm. Drei Kleidungsstücke waren erlaubt, doch wie schnell hatte man ein viertes oder fünftes über dem Arm.

Als ich ihr mein Problem schilderte, gab sie mir eine Antwort, mit der ich nicht gerechnet hatte: „Das, was da drin steht, stimmt. Das bilden Sie sich nur ein mit der Größe."

Wie man mit seinen Kunden umgehen sollte, ist ein Thema und zwar ein wichtiges. Was wäre gewesen, wenn die Verkäuferin sich bedankt hätte und gesagt hätte: „Wir prüfen das." Wie wäre ich dann wohl als Kunde aus dem Laden gegangen? Sicher hätte ich mich anders gefühlt, als jetzt.

Die Geschichte zeigte aber noch etwas anderes: Diese Frau lebte einfach in ihrer kleinen, gewohnten Box, in der es heißt, dass die Größen, die in den Kleidungsstücken drinstehen, auch die wirklichen Größen sind. Wenn jemand kommt und etwas anderes sagt, dann ist das halt Einbildung, weil es in ihrem kleinen Universum gar nicht vorkommt.

Ich denke mal, dass die Verkäuferin nicht alleine da steht. Denn wie viele Menschen überschreiten in ihrem Leben wirklich ihre Grenzen und finden einen Weg heraus aus ihrer Box oder anders ausgedrückt aus ihrer Komfortzone? Wer gehört zu denen, die öfters mal zu sich sagen: „Da geht noch mehr". Oder jetzt auf die aktuelle Geschichte bezogen: „Gut, da steht zwar eine Größe drin, aber es kann ja auch mal sein, dass diese nicht stimmt."

Ich persönlich bin dankbar für jeden Schritt, den ich schon in meinem Leben gegangen bin, um die ziemlich eng gesteckten Grenzen meiner Kindheit und Jugend zu überwinden. Das müssen nicht immer die ganz großen Schritte sein, das können auch kleinere Schritte sein, aber meistens sind diese Schritte eine Befreiung und sehr wichtig auf dem Weg, die persönliche Einzigartigkeit zu entdecken und zu leben.

Das Theater des Lebens

Vor ein paar Tagen hatte ich ein Telefonat mit einem Kunden. Ein Heilpraktiker wollte einen Flyer mit mir entwickeln, in dem seine Angebote beschrieben wurden. Meistens erarbeite ich diese Texte immer mit meinen Kunden am Telefon. Um das Gespräch vorzubereiten, erhalte ich von meinen Kunden immer das Thema und ein paar Stichworte dazu, die ihnen wichtig sind. Wenn wir dann miteinander sprechen, habe ich meistens einen Vorschlag erarbeitet, aus dem wir dann gemeinsam die endgültige Textversion erstellen.

Ich habe festgestellt, dass ich in dem Moment, in dem ich mit dem Kunden spreche, wahrnehme, was ihn persönlich ausmacht und was das Besondere an seinem Angebot ist. Im Gesprächsverlauf zeigt sich auch meistens, welche Worte der Kunde bevorzugt, was zu ihm passt. Die meisten Kunden finden es klasse, auch mal neue Ideen auszuprobieren, neue Bilder, neue Beschreibungen der Angebote, um sie besser auf den Punkt zu bringen.

An jenem Tag mit besagtem Kunden kam das Gespräch jedoch nicht so richtig in Gang. Es floss einfach nicht, und es wurde schwierig mit der Formulierung der Texte. Kurz gesagt: Es verlief anders als sonst.

Nach dem Telefonat dachte ich noch lange über das Gespräch nach: Hätte ich etwas besser machen sollen? Warum fiel es uns beiden so schwer, die Einzigartigkeit wirklich klar herauszustellen? Was war los?

In solchen Fällen, wenn ich nicht mehr so recht weiter weiß, frage ich immer mein Höheres Selbst oder die Seele: „Was willst du mir jetzt mit dieser Situation zeigen?" Das tat ich auch diesmal und entschied mich dafür, erstmal loszulassen, in die Stadt zu fahren und essen zu gehen.

Mein Weg führte mich zu einem Restaurant im Staatstheater. Zuerst saß ich draußen, doch dann fing es an zu regnen, so dass ich rein musste. Ausgerechnet jetzt, dachte ich. Doch dann fiel mir wieder ein, dass ich um die innere Führung gebeten hatte für meine Frage, warum das Kundengespräch anders verlaufen war als sonst.

Ich betrachtete die Bilder im Restaurant, alles Szenen aus Theaterstücken oder Opern. Plötzlich kam mir die Erkenntnis: Wir spielen alle Rollen. Ich sage zwar: „Ich bin Schreibberaterin, ich bin Beraterin für Internet-Texte, für Flyertexte, Blogs oder Ratgeber-Bücher." Doch das ist nur meine Rolle, die ich in diesem Moment spiele. In Wirklichkeit bin ich etwas weitaus Größeres: Ich bin eine Seele, die in diesem Leben, im Theater des Lebens, verschiedene Rollen ausprobiert.

Manchmal kann es sein, dass eine Rolle sich verändert oder nicht mehr passt. Dann ist es an der Zeit zu schauen, welche Rolle jetzt passt, bzw. wie ich die Rolle verändern sollte, damit sie besser zu mir passt. Das kann z. B. ein modifiziertes Angebot sein oder eine neue Definition, wer die Lieblingskunden sind

In diesem Fall entschied ich mich dafür, zwar weiterhin Coaches und Heilpraktiker zu beraten, wenn sie einen Text brauchten, aber gleichzeitig darauf hinzuweisen, dass es in meinen Beratungen immer um die Einzigartigkeit des Kunden geht.

Ich definierte die Rolle, die ich in dem Theaterstück *Flyer für Heilpraktiker und Coaches* spielen wollte, neu. Ab jetzt würde ich nicht mehr mit denjenigen „spielen", die einfach nur irgendwelche Methoden und Schlagworte aufzählen wollten. Mein Interesse galt ab diesem Zeitpunkt nur noch denjenigen, die sich trauten, das Besondere an ihrem Angebot im Text herauszukristallisieren und die dafür auch arbeiten wollten. Das waren diejenigen, die die Geduld dafür aufbrachten, dass wir aus einem Rohdiamanten (den Stichworten) einen strahlenden Edelstein formten (den einzigartigen Text).

Die Fliege, die aus dem Nichts kam

Es war an einem Sonntag vor ein paar Jahren. Nach einem Telefonat war ich sehr aufgewühlt und schwankte zwischen Wut und Traurigkeit hin und her. Mein Gesprächspartner hatte mich so demotiviert, dass ich das Gefühl hatte, mal wieder in einer ausweglosen Situation zu festzustecken.

Und dann kam auch noch diese Fliege. Obwohl alle Fenster geschlossen waren, erschien sie wie aus dem Nichts.

Sie war ziemlich groß und summte laut, was mich noch wütender machte. Ich entschied mich dennoch dafür, ihr die Freiheit zu schenken. Dafür schaltete ich alle Lichtquellen im Wohnzimmer aus und öffnete die Balkontür, die mit dem Licht der Dämmerung draußen, der hellste Fleck im Zimmer war. Ich sagte zu der Fliege: „Schau, da ist die Freiheit, dort wo das Licht ist, ist der Weg in die Freiheit". Doch was machte diese Fliege? Sie flog genau in die entgegengesetzte Richtung! „Bist du blöd", brüllte ich sie an. „So dumm kann doch wohl nur eine Fliege sein!" Doch es war nichts zu machen, die Fliege wollte partout nicht in die Freiheit.

Als ich sie gerade wieder für Ihre Dummheit beschimpfen wollte, hielt ich plötzlich inne und fragte mich: „Kann es vielleicht sein, dass diese Fliege mir etwas über mich selbst zeigen möchte? Dass sie ein Spiegel für das ist, was in mir vorgeht? Kann es nicht sein, dass die Seele mir die ganze Zeit den Weg in die Freiheit zeigt? Doch ich laufe immer in die entgegengesetzte Richtung und denke, dass ich nichts in meinem Leben ändern kann. In dem Moment, wo ich diese Erkenntnis hatte, verschwand die Fliege genauso im Nichts, wie sie aus dem Nichts gekommen war.

Am nächsten Morgen dachte ich immer noch darüber nach, woran es wohl liegen mag, dass man auch als Seele im Menschenkörper oft nicht den Weg in die Freiheit, in die positive Veränderung, sieht oder manchmal vielleicht auch gar nicht sehen will. Vielleicht liegt es daran, dass man noch alte Muster hat, die unbewusst im Hintergrund laufen, wie ein Computerprogramm, das man gar nicht wahrnimmt. Vielleicht liegt es aber auch daran, dass Umbruchsituationen im Allgemeinen schwierig sind und man sie deshalb ungern in Angriff nimmt.

An jenem Morgen war wieder eine Fliege im Wohnzimmer Vielleicht war es die vom Abend zuvor. Als ich ihr diesmal den Weg nach draußen in die Freiheit anbot, fand sie ihn sofort.

Sicher, Freiheit definiert jeder anders und Freiheit hat viele Facetten. Von der spirituellen Freiheit, bei der man vielleicht an einem Punkt angekommen ist, an dem man sein gesamtes Karma erledigt hat, wenn das überhaupt möglich ist, bis hin zur finanziellen Freiheit oder auch zur beruflichen Freiheit, bei der man tun kann, was man liebt, um sein Geld zu verdienen.

Wie auch immer, die Sehnsucht nach Freiheit, nach der Freiheit, im Einklang mit sich selbst und der göttlichen Lebenskraft zu leben, liegt in der Natur der Seele. Doch manchmal dauert es, bis man auch bereit dazu ist, den Weg zu gehen und die Verantwortung für die Konsequenzen zu tragen, die der Schritt in die Freiheit mit sich bringt. Deshalb ist manchmal Geduld angesagt.

Ich danke dir dafür, liebe Fliege, dass du mir das bewusst gemacht hast!

Die Pyramidenkerze

Normalerweise bin ich ja nicht so ein Fan von Kerzen. Schon in meiner Kindheit hatte ich immer ein bisschen Angst, eine Kerze anzuzünden, mit diesen kleinen Streichhölzern, konnte man sich aber auch zu schnell die Finger verbrennen. Seitdem es diese Kerzenanzünder gibt, ist das besser geworden und an meinem Geburtstag mache ich mir immer eine Kerze an.

Vor ein paar Jahren hatte ich vergessen, mir zum Geburtstag eine Kerze zu kaufen. Also blieb mir nichts anderes übrig, als zu schauen, ob ich noch irgendwo eine Kerze hatte, die ich noch nicht benutzt hatte. Plötzlich fiel mein Blick auf die Pyramidenkerze, eine orangegelbe Kerze in Form einer Pyramide. Diese Kerze hatte ich schon viele Jahre auf meinem Tisch stehen. Sie war mir aber immer zu schön, um sie zu benutzen.

„Heute ist der Tag, an dem ich diese Kerze anzünde", sagte ich zu mir. Dann dachte ich zurück an den Augenblick, als ich sie geschenkt bekommen hatte. Es war bei einem Schreibworkshop gewesen. Jahre zuvor hatte ich diesen als einen meiner ersten Schreibworkshops abgehalten.

Schreiben mit der inneren Weisheit nannte ich den Workshop, denn schon damals kam es mir darauf an, dass die Teilnehmer meiner Workshops in Kontakt mit ihrer inneren Weisheit oder dem Höheren Selbst waren, wenn sie schrieben. Dafür hatte ich spezielle Übungen entwickelt, die ich auch heute noch praktiziere, wenn ich schreibe.

Es war Dezember, kurz vor Weihnachten und ziemlich kalt. In einer Esoterikzeitschrift hatte ich eine Kleinanzeige geschaltet. Zwei Personen, eine Frau und ein Mann, hatten sich daraufhin zum Workshop angemeldet.

Der Workshop bestand aus zwei Nachmittagen. Wir hatten uns für diesen Workshop in einer Naturheilpraxis in Frankfurt am Main verabredet.

Ich weiß noch genau, wie aufgeregt ich damals war, als ich mich auf den Weg zur ersten Session nach Frankfurt machte. Lauter Fragen schwirrten mir im Kopf herum: Werden die Teilnehmer zu mir und meinem Konzept passen? Werden sie etwas mit meinen Übungen anfangen können? Was ist, wenn sie gar keine Schreibideen entwickeln können und sich darüber ärgern, den Workshop gebucht zu haben? Werde ich im richtigen Moment die richtigen Ideen haben, um weiterzuhelfen, wenn eine Blockade auftaucht?

Doch alle Ängste waren unbegründet. Die Frau und der Mann hatten beide einen großen Spaß an den Übungen. Es gelang ihnen schnell, ihre persönliche Schreibstimme zu finden und eine Kurzgeschichte zu entwickeln. Am Ende des zweiten

Teils lasen sie mir ihre Geschichten vor. Es berührte mein Herz, was sie geschrieben hatten. Ich spürte, wie stolz sie in diesem Augenblick waren.

Zum Abschied bekam ich eine Pyramidenkerze geschenkt, jene Kerze, die ich acht Jahre später an meinem Geburtstag in den Händen hielt. Zu schade zum Anzünden, dachte ich damals nach dem Workshop und stellte sie ins Wohnzimmer, wo sie dann acht Jahre lang stand.

Als ich an jenem Geburtstagsmorgen in das Licht der Kerzenflamme blickte, kam mir der Gedanke, mich innerlich bei all jenen zu bedanken, die damals an mich geglaubt hatten, wie diese beiden Workshop-Teilnehmer, die einen Workshop bei einer damals total unbekannten Frau buchten.

Da waren Freundinnen und Freunde, die mir zur Seite standen, Kunden und Kundinnen, die mir vertrauten, und Geschäftspartner oder Kollegen, die mich an andere weiterempfahlen und noch viele mehr.

Es hatte sich gelohnt, diese besondere Kerze aus den Anfängen meiner Selbstständigkeit an jenem Geburtstag anzuzünden und einen Moment innezuhalten. So wurde mir mal wieder bewusst, was für wunderbare Unterstützer ich genau im richtigen Moment in meinem Leben hatte und sicher auch noch haben werde für die nächsten Projekte.

Wie sieht es mit deinen Unterstützern aus?

Jeden Tag ein bisschen besser

Früher dachte ich, ich bin ein spiritueller Mensch, wenn ich möglichst viel Zeit damit verbringe zu meditieren. Damals wäre es mir lieb gewesen, mich in ein Kloster zurückzuziehen und mich nur noch der Meditation und meinen spirituellen Studien zu widmen.

Dieses Früher ist nun über zwanzig Jahre her. Inzwischen habe ich meine Meinung auch ein bisschen verändert. Ich denke jetzt, dass es für einen Menschen, der sich spirituell entfalten möchte, genauso wichtig ist, dem Leben etwas zurückzugeben, bzw. einfacher ausgedrückt, in jeder Situation im Leben das Beste zu geben. An dieses Prinzip erinnert mich meine Kosmetikerin jedes Mal, wenn ich wieder einen Termin bei ihr habe.

Wenn ich zu ihr komme, dann fühle ich mich immer so aufgehoben, so willkommen. Das steigert sich noch, wenn die Behandlung fertig ist. dann bin ich meistens rundherum relaxt.

Während der Behandlung kamen wir im Gespräch auf das Thema, wie man mit seinen Kunden umgehen sollte. Sie sagte mir, dass sie Wert darauf legen würde, sich die Bedürfnisse der Kundinnen anzuhören und darauf zu reagieren. Sie passt ihre Behandlung immer den persönlichen Wünschen und Befindlichkeiten der Kundinnen an.

Bei mir zum Beispiel ist das die Sache mit dem Augenbrauenzupfen. An manchen Tagen, wenn ich bei ihr bin, empfinde ich das als besonders unangenehm. Dann macht sie kleine Pausen zwischendurch oder wir erzählen uns etwas, was ablenkt. Meistens lachen wir beide darüber, dass erst der unangenehme Teil der Behandlung an der Reihe ist und dann der angenehme Teil mit der Gesichtsmassage kommt. Noch nie hatte ich bei ihr das Gefühl, ausgeliefert zu sein.

Außerdem ist ihr Behandlungsraum angenehm und schenkt ein Gefühl von Geborgenheit: Da liegen frische Handtücher, es brennt ein sanftes Licht, in der dunklen Jahreszeit auch manchmal eine Farblampe, und jedes Mal gibt es „Glückshormone" in Form von kleinen Schokoladentäfelchen.

Sie gibt einfach immer ihr Bestes, wenn eine Kundin kommt, ist nie schlecht gelaunt und schenkt der Kundin ihre ganze Aufmerksamkeit.

Während ich mit ihr sprach, dachte ich darüber nach, dass es mir schon manchmal passiert ist, dass ich gerade kurz vor dem Kundentermin am verabredeten Ort war und keine Zeit mehr hatte, den Raum noch vorzubereiten. Hier gibt es sicher noch Verbesserungspotenzial. Bisher war dies das Beste, was ich geben konnte. Aber was hindert mich daran, es das nächste Mal besser zu machen?

Ein Indiz dafür, ob ich mein Bestes gebe, ist für mich auch, ob ich eine Sache gerne tue oder nicht. Wenn ich etwas tue, was ich liebe, dann ist mein Herz offen, ich bin erfüllt, von dem, was ich tue. Dann fällt es mir ganz leicht, mein Bestes zu geben und mich und den Raum auf meinen nächsten Kunden einzustimmen. Wenn ich merke, dass ich etwas gar nicht gerne tue und dies nicht nur einmal oder zweimal oder dreimal passiert, dann überlege ich, ob es nicht besser ist, die Sache loszulassen und den Weg freizumachen für etwas, was ich gerne tue und wo es mir leicht fällt, mein Bestes zu geben.

Es kann jeden Tag nur besser werden, immer ein bisschen besser.

Die Sache mit den Äpfeln

Neulich war ich einkaufen. Einer der Läden, in die ich besonders gerne gehc, ist ein Bioladen in der Innenstadt. Ich wollte frisches Obst kaufen, vor allem auch Äpfel.

Nun stand ich da vor dem Regal und schaute mir die vielen Sorten an. Gala, Summerfree, Summerred, Idared und wie sie alle hießen. Nun ja, ich kenne mich nicht so wirklich mit Apfelsorten aus, weiß aber, dass Braeburn mir schmeckt. Nur leider hatten sie diese Sorte gerade nicht.

Äpfel, die ich gerne mag, sind saftig und süß. Ich bin aber auch oft schon reingefallen und habe welche gekauft, die mir gut erschienen, sich zu Hause aber als mehlig herausstellten. Deshalb überlegte ich, welche der Sorten ich nehmen sollte. Intuitiv fiel mein Blick auf den Summerfree.

Da ich ja, wie schon geschrieben, öfters mal reingefallen bin mit den Äpfeln, holte ich mein Smartphone aus der Tasche, um im Internet zu recherchieren, wie diese Äpfel schmecken. Waren sie eher aromatisch? Oder waren sie mehlig? Waren sie süß oder säuerlich? Ich öffnete gerade eine Seite, die mir auf Google angezeigt wurde, da sah ich, wie eine Mitarbeiterin des Bioladens in meiner Nähe damit begann, das Obst umzuräumen und die einzelnen Körbe, in denen es lag, hübscher anzurichten.

Ich könnte sie ja mal fragen, vielleicht weiß sie, wie der Apfel schmeckt, kam mir der Gedanke. Ach ne, ich recherchiere lieber im Internet. Es muss ja nicht jeder wissen, dass ich das nicht weiß, kam ein anderer Gedanke. Ich nahm mein Smartphone und tippte noch einmal den Namen der Apfelsorte ein. Mist, jetzt funktionierte der Browser nicht! Also, auf „Einstellungen" gehen, ihn zurücksetzen und noch mal probieren.

Neben mir räumte die Mitarbeiterin weiter das Obst ein. Sollte ich vielleicht doch lieber…, ging es mir durch den Kopf.

Schließlich gab ich die Internet-Recherche auf, fasste mir ein Herz und fragte sie: „Wissen Sie vielleicht, wie der Summerfree schmeckt?" „Nein, leider nicht. Den haben wir gerade neu reinbekommen. Aber wir können ja mal einen probieren", war ihre Antwort. Sie nahm einen Apfel, ging damit hinter die Käsetheke in eine kleine Küche, wusch ihn ab und schnitt mir ein Stück ab. Ich steckte das Stück in den Mund und ließ es auf der Zunge zergehen. Schmeckte das lecker, nicht zu mehlig, nicht zu sauer, sondern knackig, saftig und süß. Ich hatte meinen Traumapfel gefunden.

Manchmal ist Offline-Recherche eben doch sehr viel besser als Online-Recherche, zumindest, wenn man die Gelegenheit hat, in einem Laden persönlich zu fragen.

Nachruf auf eine Unbekannte

Es geschah an einem verkaufsoffenen Sonntag an der Bushaltestelle. Als ich auf den Bus wartete, fiel mir ein Zettel ins Auge, der dort angeklebt war. Auf dem Zettel stand: *Haushaltsauflösung: Vasen, Bücher, eine alte Kommode, Kleidung Größe 42 bis 46, eine Couch, ein Sessel, usw.*

Sofort kam in meinem Inneren der Gedanke: Es muss eine Frau gewesen sein, vielleicht mittleren Alters oder auch schon ein bisschen älter. Doch nun war ihr Leben zu Ende und übriggeblieben waren diese Dinge. (Das mit der Frau habe ich natürlich aus den Kleidergrößen geschlossen).

Vielleicht hatte sie Kinder großgezogen, vielleicht jahrelang gearbeitet, irgendwo an der Kasse gesessen oder die Texte für ihren Chef getippt.

Vielleicht war sie auch Gärtnerin gewesen oder was auch immer. Jetzt spielte es keine Rolle mehr. Bestimmt hatte sie auch mal gelacht, manchmal auch geweint. Vielleicht lebte Sie zum Schluss alleine, hatte niemanden, mit dem sie ihre Sorgen teilen konnte, ihre Freude. Und jetzt? Jetzt war alles vorbei, dieses Leben. Jetzt gab es nur noch einen Haushalt, der aufzulösen war, ein paar Hinterlassenschaften, das war alles, was blieb.

Aber war das auch wirklich so? Oder gab es da noch mehr?

Vielleicht gab es Menschen, die dankbar dafür waren, dass sie da war. Menschen, die sie in ihr Herz geschlossen hatten. Menschen, die sie vermissen werden.

Kostbare Lebenszeit

Bis zu jenem Tag wusste ich nicht, dass ein Zettel, auf dem etwas über eine Haushaltsauflösung steht, mich so nachdenklich stimmen würde und mich an die Endlichkeit des Lebens hier auf der Erde erinnern würde. Mir hat das wieder einmal gezeigt, wie kostbar die Zeit hier ist und wie wichtig es ist, sie so zu nutzen, dass man seinen inneren Frieden damit hat, weil man aus dem Herzen lebt.

Nun ist das nicht immer einfach, manchmal hat man einem Job nachzugehen, um seinen Lebensunterhalt zu verdienen, auch wenn man den inneren Drang verspürt, etwas anderes zu machen. Oder die Familie nimmt einen so stark in Anspruch, dass man selbst zu kurz kommt.

Was es auch immer ist, wahrscheinlich hat jeder irgendetwas in seinem Leben, was Zeit braucht, die man gerne auch anders verbringen würde. Mir ging es in meinem Leben schon oft so, denn ich verbringe viel Zeit mit meinem Job. Dennoch habe ich immer wieder darauf geachtet, dass ich das, was ich liebe, in meiner Freizeit tue oder nebenberuflich machen kann, nämlich schreiben, Menschen beraten, die selbst schreiben möchten, Landschaften und Licht fotografieren und neue Projekte entwickeln.

Hat das Leben einen tieferen Sinn?

Schon mit Mitte 20 hinterfragte ich den Sinn des Lebens. Als Kind lag ich abends im Bett oft wach und stellte mir vor, was wohl nach dem Tod passieren würde. Ich hatte das Gefühl, als wäre ich einfach woanders und hier in dieser Welt würde alles weiterlaufen. Diese Welt würde sich auch ohne mich weiterdrehen. Manche Menschen glauben ja, dass da nichts kommt. Das sehe ich anders …

Als ich älter wurde, fragte ich mich, was wohl der Sinn des Lebens mit all seinen Schwierigkeiten ist. Ich las Bücher darüber und meditierte viel.

Mittlerweile glaube ich daran, dass es sehr wohl einen Sinn gibt, und dass ich nicht zufällig hier in dieser Welt bin, dass niemand zufällig hier ist. In Meditationen wird mir immer wieder bewusst, dass wahrscheinlich alle Wesen mehr sind, als nur das, was wir hier als physische Existenz wahrnehmen. Manchmal erfahre ich mich als Seele, ein Wesen aus reiner Energie, dass in dieser Welt in einem Körper lebt, um etwas über die Liebe zu lernen.

Ich glaube fest daran, dass nicht alles vorbei ist, wenn die Seele irgendwann einmal diese Welt verlässt, der Mensch also stirbt. In diesem Augenblick geht die Seele nur in eine andere, feinstoffliche, Welt.

Mir persönlich hilft dieser Glaube sehr. Das erinnert mich immer wieder an das, was ich als Kind schon gefühlt habe, wenn ich abends im Bett lag und nicht schlafen konnte.

Danke, liebe Unbekannte, wo immer du auch sein magst. Ich danke dir dafür, dass du mich zu diesen Gedanken inspiriert hast und wünsche dir alles Gute für deine Reise.

Der Paradiesvogel im Garten

Vor meinem Wohnzimmerfenster steht ein kleiner Baum, in dem sich gerne die Vögel tummeln. Meistens beobachte ich in diesem Baum Spatzen, Tauben, Amseln oder auch Meisen.

Eines Tages blickte ich zufällig aus dem Fenster und dachte, ich traue meinen Augen nicht: In dem Baum saß doch tatsächlich ein bunter Vogel mit rotem Köpfchen und buntem Gefieder mit hellblau, grün und gelb und weiß mit schwarzen Punkten.

Ich schaute einmal, zweimal, dreimal hin, doch der Vogel saß tatsächlich dort und flog auch ab und zu von Zweig zu Zweig. Nun, dieser Vogel war ganz bestimmt kein Vogel, der normalerweise in diesen Breitengraden so herumfliegt. Ich vermutete, dass irgendjemand diesen Vogel jetzt vermissen würde. Wahrscheinlich hatte derjenige aus Versehen ein Fenster offengelassen und der Vogel hatte die Chance für einen Flug in die Freiheit genutzt.

Ich betrachtete den Vogel noch eine ganze Weile und dachte darüber nach, was sein Erscheinen mir wohl zeigen wollte.

Besondere Ereignisse im Alltag deute ich für mich immer als Wachtraum oder Tagtraum. Ich denke, dass alles, was in meinem Leben geschieht, nicht zufällig geschieht. Also fragte ich mein

Höheres Selbst, welche Botschaft der Vogel für mich bereithielt.

Während ich darüber reflektierte, kam mir der Impuls, dass dieser Vogel mich an die innere Schönheit und Einzigartigkeit erinnerte, die ich manchmal im Alltagsstress vergesse.

Vielleicht kennst du das auch: Da steht man vor dem Spiegel und betrachtet seinen Körper kritisch. Man sagt zu sich selbst: „Das gefällt mir nicht und jenes auch nicht." Ganz gleich, ob es die Figur ist, die Haare oder die Fingernägel, es gibt immer wieder etwas zu meckern. Auch mir geht es an manchen Tagen so. In diesen Momenten sehe ich nur das, was im Außen ist und vergesse völlig die innere Schönheit. Mit innerer Schönheit meine ich, dieses Einzigartige, das wir alle sind. Nennen wir es Seele, ein kreatives Energiewesen, welches sich für dieses Leben genau jenen Körper ausgesucht hat, um darin zu leben, Lektionen zu lernen und zu wachsen.

Der Vogel war absolut einzigartig und fiel mir deshalb auf, weil ich ihn in dieser Umgebung nicht vermutet hätte. Mit seiner Schönheit erinnerte er mich an meine innere Schönheit. Das öffnete mein Herz und erfüllte mich mit Liebe und Freude, jenem Seinszustand, der mich lebendig sein lässt und mich glücklich macht.

Manchmal schenkt das Leben einem solche Momente, die dabei helfen, sich innerlich wieder auf die eigene Einzigartigkeit zu fokussieren sich selbst als Paradiesvogel zu sehen, mit all seinen bunten Facetten. Dies war ein solcher Moment.

Danke – ein Zauberwort?

Ich erinnere mich noch ganz genau an die „Danke-Arien" in meiner Kindheit. Ganz gleich, ob es Weihnachten war oder mein Geburtstag, wenn es Geschenke gab, dann sollte ich danke sagen. Daran ist ja an sich nichts Verkehrtes, solange es aus dem Herzen kommt. Doch manchmal gefiel mir das Geschenk nicht so sehr. Dennoch forderten mich meine Eltern dazu auf, danke zu sagen, was ich dann natürlich auch etwas widerwillig tat.

Natürlich gab es auch Geschenke, über die ich mich ehrlich freute und für die ich mich ganz leicht bedanken konnte.

Als Jugendliche und junge Erwachsene versuchte ich, das Wort „Danke" möglichst zu vermeiden. Es war für mich selbstverständlich, dass mir jemand die Tür aufhielt, mich anlächelte oder ich ein höheres Gehalt bekam.

Seit einigen Jahren nun schon hat sich das wieder geändert. Ich übe es, öfter danke zu sagen und nichts, was jemand anders für mich tut oder was das Leben mir schenkt, als selbstverständlich hinzunehmen. Es gelingt mir nicht immer, aber doch immer öfter, und ich beobachte spannende Veränderungen in meinem Leben.

Angefangen hat übrigens alles mit einer Tagebuch-Übung, die mir ein sehr guter Freund empfohlen hat. Diese Übung besteht aus mehreren Schritten. Jeden Tag macht man einen davon. An einem vorher festgelegten Wochentag geht es darum, dass man sich schriftlich für etwas bedankt, z. B. indem man es in sein Tagebuch schreibt.

Man glaubt es nicht, aber diese Übung machte es mir bewusst, dass es viele Dinge in meinem Leben gibt, die ich bisher als selbstverständlich angesehen habe, die es aber in Wirklichkeit nicht sind, wie z. B.:

- ✓ dass ich atme,
- ✓ dass ich gehen kann,
- ✓ dass ich in einem Land wohne, wo Frieden ist,
- ✓ dass ich relativ gesund bin,
- ✓ dass ich wundervolle Talente mitbekommen habe,
- ✓ dass es warm und gemütlich in meiner Wohnung ist,
- ✓ dass ich ein schönes, weiches Bett zum Schlafen habe,
- ✓ dass mein Internet-Anschluss reibungslos funktioniert,
- ✓ dass ich kreative Ideen habe,
- ✓ dass ich wunderbare Freunde habe,
- ✓ dass ich ein festes, monatliches Einkommen habe,

- ✓ dass ich mir wundervolle Dinge zum Essen kochen kann.
- ✓ Dann ist da noch das Geschenk des Lebens.
- ✓ Und es gibt sicher noch vieles, was ich nicht aufgezählt habe.

Ich war selbst überrascht, wie viel mir da einfiel. Tatsächlich begann diese Übung sich auch auf mein Leben auszuwirken.

Hier ein Beispiel dafür: Ich hatte die Übung gerade zweimal praktiziert, da ging es mir an einem Tag gesundheitlich nicht ganz so gut. Ich hatte schlecht geschlafen, fühlte mich energielos und als ob eine Erkältung im Anzug wäre. Aber dennoch ging ich ins Büro und wurde angenehm überrascht.

Eine Kollegin machte mir liebevoll einen Kräutertee, der mir guttat und mich von innen wärmte. Eine andere Kollegin fuhr mich abends sogar mit dem Auto nach Hause. Ich habe selbst kein Auto und für mich ist es auch in Ordnung, normalerweise mit dem Bus zu fahren. Aber es war ein besonderes Geschenk für mich, nicht an der Haltestelle stehen zu müssen, wo gerade an jenem Tag im Spätherbst ein ziemlicher Wind wehte.

Beides war zwar auch in der Vergangenheit schon ab und zu mal vorgekommen, das war aber schon einige Zeit her. An jenem Tag nahm ich es jedenfalls bewusst wahr und bedankte mich auch aus dem Herzen dafür.

Ich denke, dass diese Dankbarkeits-Übung mir geholfen hat, noch bewusster auf die Geschenke des Lebens zu schauen und nichts als selbstverständlich hinzunehmen.

Vielleicht wäre es mir auch ohne die Dankbarkeits-Übung bewusst geworden, dass meine Kolleginnen an jenem Tag so liebevoll und führsorglich zu mir waren, wer weiß? Ich denke eher nicht, denn meiner Ansicht nach ändert die Energie der Dankbarkeit auch etwas in einem selbst.

Neue Wege führen auch zum Ziel

Manchmal ist es wichtig, die ausgetretenen Pfade zu verlassen und neue Wege zu gehen, um zum Ziel zu kommen. Und ab und zu „zwingt" das Leben einen dazu.

Es ist schon einige Zeit her, da war ich ziemlich viel mit der Bahn unterwegs, was ganz oft damit verbunden war, dass ich etwas Außergewöhnliches oder Kurioses erlebte. In einigen Geschichten hier in diesem Buch habe ich schon darüber geschrieben. Und auch diese Geschichte hat wieder mit der Bahn zu tun.

Ich wollte mich mit Bekannten in einer der nächst größeren Städte hier im Umkreis treffen. Ich bin schon öfters dorthin gefahren und weiß natürlich genau, in welche Richtung und durch welche Ortschaften der Zug fahren muss. Zunächst musste ich nach Frankfurt am Main Flughafen, um dort umzusteigen. Da ich nicht allzu viel Zeit zum Umsteigen hatte und die Wege am Frankfurter Flughafen weit sind, war ich ein bisschen besorgt, ob ich meinen Anschlusszug auch bekommen würde.

Aber ich wurde positiv überrascht. Der Zug nach Frankfurt stand schon pünktlich abfahrbereit auf dem Gleis als ich kam. Na, dann kann ja nichts mehr schiefgehen, dachte ich und machte es mir auf einem der Sitze im Großraumwagen bequem.

Doch dann passierte etwas Unglaubliches, etwas, das ich so noch nie erlebt hatte.

Der Zug fuhr los, aber in die entgegengesetzte Richtung, als er normalerweise fuhr. Ich schaute ein paarmal, ob ich vielleicht im falschen Zug saß, doch nach der Anzeige in dem Wagen war es der richtige Zug.

Auch die Mitreisenden wunderten sich, blieben aber erstaunlich ruhig.

Ich dagegen konnte nicht so ruhig bleiben. In meinem Kopf kreisten Gedanken, wie: Was ist jetzt los? Wie soll ich denn den Anschlusszug bekommen? Wenn das nicht klappt, dann platzt mein Termin. Warum sagen die denn nichts an?

Während wir an Ortschaften vorbeifuhren, die mir fremd vorkamen, kreisten meine Gedanken immer wieder um meinen Anschlusszug. Was ist, wenn ich es nicht schaffe? Der nächste Zug fährt erst eine Stunde später, das ist viel zu spät für meine Verabredung!

Gleichzeitig beruhigte ich mich mit dem Gedanken, dass es ein gutes Zeichen war, wenn nichts angesagt wurde, denn dann würden wir wahrscheinlich doch alle unsere Anschlusszüge bekommen.

Irgendwann ließ ich einfach los. Ich merkte, dass ich im Prinzip sowieso nichts anderes tun konnte, außer mich zu entspannen und mich auf mein Herz zu konzentrieren, um wieder ins Gleichgewicht zu kommen. Den Rest überließ ich dem Leben, welches mich gerade durch eine neuartige Erfahrung führte.

Als ich nach einiger Zeit wieder aus dem Fenster schaute, konnte ich erleichtert aufatmen. Wir kamen doch tatsächlich auf diesem anderen Weg auch auf die reguläre Strecke. Wie heißt es so schön? Viele Wege führen nach Rom, pardon, nach Frankfurt und zum Flughafen.

Und – welche Überraschung – der Zug kam pünktlich am Flughafen an. Ich bekam tatsächlich meinen Anschlusszug und erreichte meinen Zielbahnhof pünktlich.

Was lernte ich aus dieser Erfahrung?

In dem Moment, als ich bemerkte, dass der Zug eine andere Strecke fuhr und auch nicht an den sonst vorgesehenen Bahnhöfen auf dem Weg hielt, konnte ich nichts anderes tun, als loszulassen und zu vertrauen. Doch, wem vertrauen? Der Bahn? Bestimmt nicht. Dem Leben? Der inneren Führung durch das Höhere Selbst? Schon eher.

Diese Erfahrung zeigte mir aber auch etwas zum Thema „Ziele und wie man sie erreichen kann": Wenn man ein Ziel erreichen will, kann es helfen, auch mal die ausgetretenen Pfade zu verlassen, gerade, wenn die gewohnten Wege bisher nicht zum Ziel geführt haben.

Dann ist es Zeit, etwas Neues auszuprobieren und sich auf neue Wege einzulassen.

Ich bin immer wieder erstaunt darüber, was ich am Bahnhof und auf meinen Reisen mit der Bahn alles über das Leben lerne.

Manchmal kommt es anders als man denkt

Manchmal verläuft ein Tag ganz anders, als man es sich vorgestellt hat. Es ist schon ein paar Jahre her, da geschah folgendes: Von einem Netzwerk aus hatten wir einen Stand in einer Buchhandlung. Wir waren drei Frauen, die sich den Stand teilten. Natürlich hatte ich im Kopf, dass die Leute nur so zu uns hinströmen würden und sich ganz besonders für mein Thema *Schreiben aus dem Herzen* interessieren würden.

Es begann auch alles ganz wunderbar. Kaum hatten wir den Stand aufgebaut, kam schon die erste Interessentin, die extra wegen des Schreibens gekommen war. Das war es dann aber auch. Den lieben langen Tag kam keiner mehr, der sich für das Schreiben interessierte.

Während die beiden anderen Frauen ständig von Besuchern umringt waren, stand ich da und wurde immer frustrierter. Ich begann, mich zu fragen, warum ich mich überhaupt dafür entschieden hatte, bei dieser Aktion mitzumachen.

Vielleicht hast du so etwas auch schon mal erlebt. Oft denkt man dann darüber nach, was man in der Zeit alles hätte erledigen können, wenn man nur gewusst hätte, dass es so kommen würde. Aber natürlich weiß man das nicht vorher und hofft immer auf einen Erfolg, wie z. B. neue Kunden oder Ähnliches.

Irgendwann ließ ich dann los und entschied mich dafür, einfach nur ich selbst zu sein, ganz gleich, wie dieser Tag weiter verlaufen würde. Schließlich hatte ich mich dafür entschieden, das mit dem Stand auszuprobieren und es nutzte niemandem etwas, wenn ich nur noch frustriert war.

Als ich abends wieder zu Hause über den Tag nachdachte, fiel mir etwas ein, was sich am Rande der Veranstaltung ereignet hatte.

Ich war mir einer Partnerin aus einem Netzwerk gemeinsam zu dieser Buchhandlung gefahren. Sie verkaufte Produkte für die Gesundheit, u. a. hatte sie auch basisches Wasser in großen Flaschen dabei, das man sich selbst zu Hause herstellen konnte, vorausgesetzt man hatte eine solche Anlage.

Während wir an dem Stand waren, durfte ich von dem Wasser probieren und war begeistert. Es schmeckte so leicht und rein, wie kaum ein Wasser, das ich bisher getrunken hatte.

Und es kam noch besser: Die Dame machte mir nämlich den Vorschlag, dass sie mir das Wasser doch erst mal liefern könnte. Dann hätte ich frisches, reines, basisches Wasser, solange bis ich mir vielleicht eines Tages selbst eine Anlage zulegen würde. Noch am gleichen Tag bekam ich von ihr zwei riesige Flaschen mit dem Wasser.

An diesem Tag war etwas ganz anderes geschehen, als ich erwartet hatte, nämlich die Sache mit dem Wasser.

Ja, das war sogar ein großartiges Geschenk. Schließlich, hatte ich neulich erst wieder gestöhnt, als ich die Flaschen aus dem Supermarkt mit dem Bus nach Hause schleppen musste. Wie sehr hatte ich mir eine andere Lösung gewünscht Aber wäre ich jemals auf diese Lösung gekommen?

Manchmal ist man frustriert, weil die Dinge anders laufen, als man es gerne gehabt hätte. Doch oft hält das Leben etwas Besseres für einen bereit, etwas, das in diesem Augenblick von größerem Nutzen ist als das, was man gerne gehabt hätte. Manchmal dauert es eine Weile, bis einem bewusst wird, dass das Leben tatsächlich Geschenke macht, auch wenn man sie nicht immer gleich sieht.

Das Zeichen des Regenbogens

Der Regenbogen hat mich schon immer fasziniert. Schon als Kind war ich begeistert, wenn ich einen Regenbogen sah. Diese bunten Farben am Himmel hielt ich für etwas ganz Besonderes, ein Zeichen des Himmels?

Später lernte ich dann natürlich, dass ein Regenbogen entsteht, wenn es regnet und gleichzeitig die Sonne scheint. Ja, für vieles gibt es naturwissenschaftliche Erklärungen und die sind auch nützlich. Doch manchmal ist es einfach schön zu träumen und das Herz zu öffnen, einen Regenbogen zu bestaunen und die Fantasie spielen zu lassen.

An einem Tag im September arbeitete ich gerade an diesem Buch, als ich aufschaute und sah, dass es in Strömen regnete und gleichzeitig die Sonne schien. Sofort rannte ich zum Küchenfenster, wo ich eine schöne freie Sicht über die Felder habe, um zu schauen, ob es wohl wieder einen Regenbogen gab.

Ich erinnere mich noch genau, dass es wieder so ein Tag war, an dem es mir nicht so gut ging. Fünf Wochen zuvor hatte ein langjähriger, sehr guter Freund die Freundschaft mal so eben per SMS beendet, ohne Angabe von Gründen, ohne, dass wir miteinander reden konnten. Er verweigerte jegliche

Kommunikation. An jenem Tag spürte ich die Traurigkeit und den Schmerz über diesen Verlust wieder besonders stark. Mit dieser Trauer kam auch die Trauer über alle anderen Abschiede von Menschen, die ich mal liebgewonnen hatte und die aus meinem Leben verschwunden waren. Das steigerte meine Traurigkeit noch mehr.

Um mit meiner Trauer zu arbeiten, betrachtete ich mein Leben als Puzzle aus vielen verschiedenen Teilen. Das Puzzleteil mit der Freundschaft, die so plötzlich beendet wurde, schien nicht so recht zu der Lebensvision zu passen, die ich für mich entworfen hatte. Ich hatte eine Vorstellung davon, wie ich die nächsten Jahre meines Lebens verbringen wollte, und hätte es gerne gehabt, dass dieser Freund Teil meines weiteren Lebens gewesen wäre. Noch dazu, wo er in einer Stadt lebt, in der ich mal selbst gerne leben würde.

Ja, und dann waren da noch die anderen Abschiede, an die ich an jenem Tag denken musste. Zyklen, die zu Ende gegangen waren, obwohl ich es gerne anders gehabt hätte.

Ich entschied mich dafür, eine kleine Übung zu machen und all die Trauer über die Abschiede in ein imaginäres Päckchen zu packen und es im Inneren in einen Strom aus goldenem Licht zu legen. Das half. Zumindest kam mein Tatendrang wieder zurück, und ich begann an diesem Buch zu arbeiten, bis zu dem Zeitpunkt, als ich in die Küche rannte, um zu sehen, ob es einen Regenbogen gab.

Und tatsächlich spannte sich ein Regenbogen mit kräftigen Farben über den Horizont, von einem Ende zum anderen Ende. „Es wird etwas Neues kommen", sagte ich zu mir. Der Regenbogen ist ein Zeichen dafür, dass etwas Neues kommt, etwas das gut für mich ist. Ich darf der höheren, göttlichen Kraft vertrauen, die mich führt, auch wenn es manchmal anders kommt, als ich es gerne hätte.

Wer weiß schon, was besser ist?

Als „kleines Menschlein" mit seinem Tagesbewusstsein sieht man meistens nicht das ganze Bild. Dann hat es den Anschein, als würde ein Puzzleteil im großen Puzzle des Lebens nicht so recht passen. Erst später wird vielleicht das ganze Bild sichtbar. Erst dann weiß man, wozu gerade jenes Puzzleteil wichtig war, das am Anfang solche emotionalen Schmerzen bereitet hat.

Während ich den Regenbogen betrachtete, spürte ich, wie sich mein Herz öffnete. Es fühlte sich an, als würde ein goldener Lichtstrahl direkt von dem Regenbogen in mein Herz gehen und es leicht machen, es froh machen, es glücklich machen.

Wer hätte gedacht, dass das Betrachten eines Regenbogens so heilsam sein kann?

Wie ich Weihnachten zu lieben begann

„Weihnachten …, ach nein, nicht schon wieder Weihnachten", stöhnte ich jedes Jahr Anfang Dezember. Wenn es doch bloß erst vorbei wäre! So ging es mir, seitdem ich erwachsen war. Ich war genervt, von dem Stress in der Vorweihnachtszeit, mit der Jagd nach den Geschenken und dem Stress am ersten Weihnachtsfeiertag, wenn ich auf meine Eltern, Geschwister, Schwager, Nichten und Freunde der Familie traf. Das änderte sich schlagartig 2004.

Ich erinnere mich noch ganz genau an dieses Jahr. Ich hatte gerade einen Workshop geleitet, bei dem die Teilnehmer Weihnachtsgeschichten schrieben. So nebenbei schrieb ich selbst auch eine. Das machte mir so viel Spaß, dass ich überlegte, ob ich es wagen sollte, diese Geschichte meinen Eltern, Geschwistern, meinen Schwagern, Nichten und Freunden der Familie am ersten Weihnachtsfeiertag vorzulesen, wenn ich dort zu Besuch war. Ich fasste mir ein Herz und tat es … und hatte dann noch für jeden ein ausgedrucktes Exemplar der Geschichte in der Hand. Die Überraschung gelang. Es blieb nicht dabei. Jetzt schrieb ich jedes Jahr für den Weihnachtstag eine neue Geschichte. Manchmal war die Zeit so knapp, dass ich sogar noch am 24. Dezember bei mir zu Hause saß und an der

Geschichte arbeitete, wenn ich nicht vorher dazu gekommen war. Ich fand es wichtig, dieses neugewonnene Ritual einzuhalten.

Tatsächlich hatte ich jedes Jahr eine neue Geschichte im Gepäck, wenn ich zu meiner Familie fuhr. Neun Jahre lang ging das so. Ich freute mich auf den Augenblick, wenn ich meine großen und kleinen Zuhörer/-innen im Herzen berühren konnte. Und noch etwas anderes geschah: Ich fing an, mich auf Weihnachten zu freuen, auf die Zusammenkunft mit der Familie und unseren Freunden und es wertzuschätzen. Kurz gesagt: Ich begann, Weihnachten zu lieben.

2013 war ein besonderer Höhepunkt für mich, denn meine Weihnachtsgeschichten erschienen als Buch. Zum ersten Mal hatte ich nicht nur ein paar ausgedruckte Zettel dabei, sondern ein gedrucktes Buch. Die Vorfreude auf diesen Augenblick war groß. Ich sehe die glänzenden Augen meiner Zuhörer noch vor mir, als ich das Buch aus der Tasche holte und daraus vorlas.

Für diesen Workshop damals, der die Initialzündung für meine Geschichten war, bin ich heute noch dankbar. Die Geschichten halfen mir, meine Haltung gegenüber Weihnachten zu ändern und das Fest als eine Chance zu sehen, um Liebe zu geben, Liebe in Form von Geschichten.

Inspirationen zum Ausprobieren

Hier ein paar von meinen Lieblingsübungen, die ich mache, wenn ich besser verstehen will, was mir das Leben mit all seinen Herausforderungen sagen will:

✓ Tagebuch führen und nicht nur Lebensereignisse, sondern auch Träume aufschreiben. Auf Youtube gibt es ein Video von mir zu diesem Thema: http://youtu.be/mazlnB3mFxY

✓ Träume selbst deuten. Atme in dein Herz und frage es, was dein Traum bedeutet und was er dir über dein Leben sagen will.

✓ Lebenssituationen – gerade, wenn es schwierig ist – als Film betrachten. Stell dir vor, du sitzt in einem Kino und siehst dich auf der Leinwand. Du kannst dich auch fragen: Wenn das jetzt ein Traum wäre, was will mir das Leben gerade sagen?

✓ Wenn du eine Frage an dein Leben hast, z.B. was dein nächster Schritt ist, kann es dir helfen, im Alltag aufmerksam zu sein und nach Hinweisen zu schauen, die dir weiterhelfen können, so wie in der Geschichte *Wie das Leben zu uns spricht.*

- ✓ Nimm dir einmal in der Woche bewusst Zeit zum Träumen, oder um etwas Kreatives zu machen, z. B. ein Bild zu malen oder zu schreiben.

- ✓ Wenn du Zweifel hast, dann kann es helfen, sie in ein Päckchen zu packen und sich vorzustellen, dass du sie deinem Schutzengel oder spirituellen Führer übergibt. In einem zweiten Schritt kannst du dir vorstellen, dass du ein Geschenk von deinem Engel oder Geistführer bekommst.

- ✓ Was mir auch immer wieder hilft, ist ein Dankbarkeitstagebuch oder eine Dankbarkeitsrubrik im Haupttagebuch. Du kannst dir überlegen, dass du jeden Abend aufschreibst, wofür du dankbar bist.

- ✓ Sehr schön ist es auch, einen Brief an die Seele zu schreiben, so wie in *Ein Brief an die Seele.*

- ✓ Du kannst das Buch auch so nutzen, dass du dich auf dein Herz konzentrierst und dich fragst, welche Geschichte dir in diesem Augenblick einen Impuls gibt, der dir in deinem Leben weiterhilft. Dann schlägst du intuitiv das Buch auf oder suchst mit geschlossenen Augen eine Stelle im E-Book.

Danksagung

Dieses Buch konnte nur das Licht der Welt erblicken, weil ich zur richtigen Zeit immer die richtige Unterstützung hatte.

Ich danke Raimund, der mich 2008 zum Bloggen inspiriert hat. Ohne dieses regelmäßige Bloggen gäbe es dieses Buch nicht.

Ebenso danke ich meiner Familie, meinen Freunden und ganz besonders meiner Freundin Uschi, die mich immer wieder ermahnt, meine Geschichten aufzuschreiben und dranzubleiben.

Ich danke allen Wegbegleitern in meinem Leben, ohne die so manche Geschichte gar nicht erst entstanden wäre.

Außerdem danke ich meinen Fans, die regelmäßig meine Blogs lesen, und auf Facebook und Twitter kommentieren und mich durch ihre Kommentare inspirieren.

Und nicht zuletzt danke ich meinem spirituellen Führer, der mich lehrt, das Leben als Geschenk zu sehen und es immer mehr mit Weisheit und Liebe zu leben.

Die Autorin

Anne-Kerstin Busch schrieb schon als Kind gerne Geschichten.

Foto: Rosel Grassmann

2008 eröffnete sie einen Blog, auf dem sie regelmäßig über die Weisheit schrieb, die oft in alltäglichen Lebenssituationen verborgen liegt. Diesen Blog nannte sie *Herzensweisheit leben.*

Dabei war es für sie nicht immer so, dass sie das Leben als weisen Lehrer sah. Im Alter von Ende 20 befand sie sich in einer schlimmen Krise. Mit einer Augenkrankheit konfrontiert, erschien ihr das Leben düster, schwer und sinnlos. Das änderte sich, als ihr durch regelmäßige Kontemplation bewusst wurde, dass das Leben in Wirklichkeit eine Schule für die Seele ist, um spirituell zu wachsen.

Anne-Kerstin Busch hat die Gabe, aus der Weisheit des Herzens zu schreiben und andere zu inspirieren, sich ebenfalls für die ihnen innewohnende Weisheit zu öffnen.

Sie berät u. a. Coaches und Heilpraktiker beim Schreiben von Selbsthilfe-Ratgebern und Werbetexten, sowie Menschen, die das Schreiben für ihre Persönlichkeitsentfaltung nutzen möchten.

Mehr im Internet: www.anne-kerstin-busch.com

Weitere Bücher der Autorin

Weihnachten – Zeit der Wunder
Weihnachtsgeschichten aus der Herzensweisheit geschrieben, für die ganze Familie, mal ernst, mal humorvoll, märchenhaft und doch voller Wunder.

Erschienen 2013, bei BoD, Norderstedt

Sei mutig und lebe deine Einzigartigkeit!
Jeanette will ihren Traum verwirklichen und eine erfolgreiche Heilpraktikerin werden. Ihr Mann akzeptiert das nicht, und die Ehe droht zu zerbrechen. Wird Jeanette es dennoch schaffen, ihren Traum zu verwirklichen? Erfahren Sie nebenbei, wie sie ihre Werbetexte kreiert. Ein erzählender Ratgeber mit Tipps, wie man seine Einzigartigkeit finden und darüber schreiben kann.

Erscheint demnächst.